CONTENTS

INTRODUÇÃO AO MERCADO FOREX

O mercado Forex é um dos mercados financeiros mais dinâmicos e complexos do mundo. Com trilhões de dólares negociados diariamente, é um mercado que oferece oportunidades excepcionais de lucro, mas também pode ser incrivelmente desafiador para os investidores. É por isso que é tão importante ter uma compreensão sólida da análise fundamentalista.

Este livro, "Análise Fundamentalista do Mercado Forex", é um guia abrangente para a análise fundamentalista no mercado Forex. A análise fundamentalista é uma abordagem para o mercado que envolve o estudo de fatores macroeconômicos, políticos e sociais que afetam as taxas de câmbio.

Vamos explorar a análise fundamentalista com muitos detalhes, examinando os indicadores econômicos mais importantes, como o PIB, a inflação, as taxas de juros e o desemprego, e como eles afetam as taxas de câmbio. Também abordaremos tópicos como a geopolítica, as eleições e a política monetária, e como esses fatores podem afetar o mercado Forex.

Iremos fornecer exemplos e estudos de caso para ilustrar como a análise fundamentalista pode ser aplicada ao mercado Forex. Além disso, discutiremos estratégias de negociação baseadas na análise fundamentalista e como elas podem ser usadas para tomar decisões de investimento mais informadas.

É importante ressaltar que o mercado Forex é um mercado volátil e que o sucesso em investimentos não é garantido. Porém, há exemplos de pessoas que conseguiram obter sucesso financeiro utilizando a análise fundamentalista no mercado Forex. Aqui estão alguns exemplos:

George Soros - Ele é provavelmente o exemplo mais conhecido de investidor que obteve sucesso no mercado Forex. Soros utilizou a análise fundamentalista para prever a desvalorização da libra esterlina em 1992 e ganhou bilhões de dólares com a queda da moeda britânica.

Stanley Druckenmiller - Ele foi o principal colaborador de Soros naquele momento e utilizou a mesma análise fundamentalista para obter ganhos no mercado Forex.

Andrew Krieger - Krieger é um ex-funcionário da Bankers Trust que usou a análise fundamentalista para identificar uma oportunidade de lucro em uma moeda asiática em 1987. Ele fez um investimento pesado nessa moeda e conseguiu lucros significativos.

Michael Marcus - Ele foi um dos primeiros traders de commodities que se aventurou no mercado Forex, utilizando a análise fundamentalista para identificar oportunidades de lucro. Ele teve grande sucesso em suas negociações e se tornou um dos traders mais bem-sucedidos de sua época.

Estes são apenas alguns exemplos de pessoas que utilizaram a análise fundamentalista no mercado Forex e obtiveram sucesso financeiro. É importante lembrar que cada investidor tem sua própria estratégia e que os resultados podem variar de acordo com a situação do mercado e outros fatores.

Por fim, concluiremos com uma seção sobre como a análise fundamentalista pode ser usada em conjunto com outras formas de análise, como a análise técnica, para obter uma visão mais completa do mercado Forex. Com este livro, esperamos fornecer aos investidores uma compreensão sólida da análise fundamentalista e como ela pode ser usada para tomar decisões de investimento mais informadas no mercado Forex.

FUNDAMENTOS DA ANÁLISE FUNDAMENTALISTA

A análise fundamentalista é uma metodologia de análise de mercado que busca entender o valor intrínseco de um ativo, como uma moeda, ações ou commodities, avaliando os fatores econômicos, financeiros e políticos que afetam sua oferta e demanda. Neste capítulo, serão apresentados os fundamentos da análise fundamentalista, que incluem:

1.	Indicadores econômicos - A análise fundamentalista leva em conta diversos indicadores econômicos, como inflação, taxa de juros, PIB, balança comercial, entre outros, para avaliar a situação econômica de um país e seu impacto na oferta e demanda da moeda.

2.	Eventos políticos e sociais - Eventos políticos, como eleições, mudanças de governo e conflitos internacionais, podem afetar a economia de um país e, consequentemente, sua moeda. A análise fundamentalista considera também aspectos sociais, como demografia e cultura, que podem influenciar o mercado.

3.	Balanço de pagamentos - O balanço de pagamentos de um país é um registro de todas as transações financeiras entre o país e o resto do mundo. A análise fundamentalista usa esse indicador para entender a saúde financeira de um país e avaliar a oferta e demanda da moeda.

4.	Política monetária - A política monetária de um país, definida pelo seu banco central, afeta a oferta de moeda e, consequentemente, seu valor. A análise fundamentalista leva em conta as decisões do banco central, como mudanças nas taxas de juros e programas de estímulo monetário, para entender como elas podem afetar o mercado.

5. Fatores técnicos - Embora a análise fundamentalista se concentre principalmente em fatores econômicos e políticos, também pode levar em conta fatores técnicos, como a análise gráfica, para entender as tendências do mercado e identificar oportunidades de investimento.

◆ ◆ ◆

Indicadores econômicos

Os indicadores econômicos são dados estatísticos que refletem a performance econômica de um país. Eles incluem medidas como o Produto Interno Bruto (PIB), taxa de inflação, balança comercial, entre outros. Esses dados são coletados por agências governamentais, organizações internacionais e empresas de pesquisa, e são usados para avaliar a economia de um país.

Esses indicadores são um guia importante para investidores, ajudando-os a avaliar o desempenho econômico de um país e a tomar decisões informadas sobre seus investimentos. Eles podem ser usados para prever as tendências futuras do mercado e identificar oportunidades de investimento.

Os mesmos são frequentemente usados pelos governos para monitorar e ajustar sua política econômica. Por exemplo, se a taxa de inflação estiver alta, o governo pode aumentar as taxas de juros para reduzir o consumo e controlar a inflação.

Os indicadores econômicos são um dos principais fatores que afetam o valor de uma moeda no mercado cambial. Por exemplo, um país com um PIB forte e uma balança comercial positiva é mais atraente para investimentos estrangeiros, o que pode aumentar a demanda pela sua moeda e aumentar seu valor em relação a outras moedas.

Embora os indicadores econômicos possam ser uma ferramenta valiosa para a tomada de decisões de investimento, eles devem ser interpretados corretamente. Isso requer uma compreensão completa do contexto econômico do país e uma análise cuidadosa das tendências e padrões.

Os indicadores econômicos mudam constantemente, refletindo as mudanças na economia do país. Portanto, é importante manter-se atualizado sobre esses indicadores para tomar decisões informadas sobre investimentos.

Embora os indicadores econômicos sejam importantes, eles devem ser considerados em conjunto com outros fatores que afetam o mercado financeiro, como eventos políticos, mudanças nas taxas de juros e flutuações do mercado de ações. É importante ter uma compreensão completa de todos esses fatores.

◆ ◆ ◆

Eventos políticos e sociais

Eventos políticos e sociais são situações que afetam a vida da população em geral, como eleições, conflitos, protestos e desastres naturais. Esses eventos podem ter um impacto significativo na economia, afetando a produção, o consumo, o investimento e o comércio.

Acompanhar os eventos políticos e sociais é fundamental para compreender as tendências e os movimentos da sociedade. Isso ajuda os investidores e as empresas a tomar decisões informadas sobre investimentos, a preparar-se para mudanças no mercado e a antecipar riscos e oportunidades.

Os eventos políticos e sociais podem afetar significativamente o mercado de ações, alterando as perspectivas dos investidores e afetando a demanda por ações. Por exemplo, um discurso de um líder político pode afetar o valor das ações de uma empresa, bem como a moeda do país em que a empresa está sediada.

Eventos políticos e sociais também podem afetar as relações internacionais e a geopolítica. As decisões políticas tomadas pelos líderes de uma nação podem afetar as relações comerciais, diplomáticas e militares entre países, afetando a economia e a segurança global.

Podem afetar o comércio internacional, por meio de medidas como tarifas, embargos e sanções. Isso pode afetar a demanda por produtos, alterando o fluxo de comércio e afetando as cadeias de suprimentos globais.

Os eventos políticos e sociais podem afetar a vida das pessoas de maneira significativa. Isso pode afetar o acesso à educação, saúde, emprego e justiça. Compreender esses eventos pode ajudar a criar soluções para esses problemas e melhorar a qualidade de vida das pessoas.

Embora os eventos políticos e sociais possam afetar a economia e a sociedade de maneira significativa, é importante analisá-los com cuidado e compreender o contexto em que ocorrem. Uma análise cuidadosa pode ajudar a antecipar mudanças no mercado e tomar decisões informadas sobre investimentos.

Balanço de pagamentos

O balanço de pagamentos é um documento que registra todas as transações econômicas de um país com o resto do mundo durante um período específico, geralmente um ano. Ele é dividido em duas partes principais: a conta corrente e a conta de capital e financeira. A conta corrente registra as transações de comércio e serviços, como exportações, importações, transferências de dinheiro e pagamentos de juros e dividendos. Ela reflete o desempenho econômico do país em relação ao resto do mundo, indicando se o país está gerando mais renda do que está gastando ou vice- versa.

A conta de capital e financeira, por outro lado, registra as transações de investimento, como investimentos em ações, títulos e imóveis no exterior, e investimentos estrangeiros no país. Ela reflete a movimentação de capital do país com o resto do mundo e é uma medida importante para avaliar o fluxo de investimentos estrangeiros em um país.

O balanço de pagamentos é uma ferramenta essencial para avaliar a saúde financeira de um país. Ele permite que os analistas avaliem a posição econômica do país em relação ao resto do mundo, sua capacidade de financiar sua dívida externa, seu fluxo de caixa, entre outras métricas importantes.

As informações contidas no balanço de pagamentos são usadas por governos e investidores para tomar decisões importantes, como políticas fiscais e monetárias e estratégias de investimento. Por exemplo, um país com um déficit na conta corrente pode ser considerado um risco maior para os investidores, o que pode afetar negativamente seu acesso a crédito e investimentos estrangeiros.

O balanço de pagamentos também é importante para a estabilidade econômica global. Quando os países têm desequilíbrios em suas contas correntes, isso pode levar a uma desestabilização econômica global, o que pode afetar negativamente a economia de outros países. Por isso, é importante que os países mantenham suas contas correntes em equilíbrio para garantir a estabilidade econômica global.

Além disso, o balanço de pagamentos também pode ser usado para identificar oportunidades de investimento em outros países. Por exemplo, se um país tem um superávit em sua conta corrente, isso pode indicar que é um bom lugar para investir, pois o país está gerando mais renda do que está gastando.

Por fim, é importante destacar que o balanço de pagamentos é uma ferramenta dinâmica que reflete as mudanças na economia global. Por isso, é importante que os analistas e investidores acompanhem regularmente as mudanças no balanço de pagamentos de um país para tomar decisões informadas sobre investimentos e políticas econômicas.

Política monetária

A principal meta da política monetária é manter a estabilidade de preços, ou seja, controlar a inflação e garantir que ela permaneça dentro de um nível razoável. Para atingir essa meta, os governos podem aumentar ou diminuir a oferta de moeda no mercado e ajustar a taxa de juros.

A política monetária afeta a oferta de dinheiro na economia, o que, por sua vez, afeta a inflação. Se a oferta de dinheiro aumenta rapidamente, isso pode levar a um aumento na inflação. Por outro lado, se a oferta de dinheiro é limitada, isso pode levar a uma diminuição na inflação.

A taxa de juros é uma das principais ferramentas usadas pelos governos para implementar a política monetária. Quando a economia está crescendo rapidamente, os governos podem aumentar a taxa de juros para desencorajar o consumo e limitar a inflação. Por outro lado, quando a economia está em recessão, os governos podem reduzir a taxa de juros para estimular a atividade econômica.

Quando os governos aumentam a taxa de juros, isso pode levar a uma queda nos preços das ações, pois as empresas têm que pagar mais juros em suas dívidas. Por outro lado, quando os governos reduzem a taxa de juros, isso pode levar a um aumento nos preços das ações, pois as empresas podem tomar empréstimos mais baratos.

Para garantir que a política monetária seja implementada de forma eficaz, é importante que os bancos centrais sejam independentes dos governos. Isso significa que eles devem ter a capacidade de tomar decisões independentes sobre a política monetária, sem interferência política.

O aumento na taxa de juros pode levar a uma valorização da moeda, tornando as exportações mais caras e as importações mais baratas. Por outro lado, quando os governos reduzem a taxa de juros, isso pode levar a uma desvalorização da moeda, tornando as exportações mais baratas e as importações mais caras.

A transparência na política monetária é fundamental para garantir que as decisões tomadas pelos governos e pelos bancos centrais sejam claras e compreensíveis para o público em geral. A transparência ajuda a manter a confiança na política monetária e a reduzir a incerteza em relação às decisões tomadas, permitindo que os indivíduos e empresas tomem decisões informadas e se planejem melhor em relação ao futuro. Além disso, a transparência pode ajudar a prevenir a corrupção e garantir que as políticas monetárias sejam implementadas de forma justa e equitativa.

Fatores técnicos

Os fatores técnicos são dados que refletem o comportamento histórico dos preços e do volume de negociação de um ativo. Eles incluem indicadores técnicos, como médias móveis, osciladores e níveis de suporte e resistência. Esses dados são coletados e analisados por meio de software especializado, para ajudar os investidores a entenderem melhor o comportamento do mercado. Os fatores técnicos são um guia importante para investidores, ajudando-os a identificar tendências de preços e padrões de negociação, que podem ser usados para prever as tendências futuras do mercado. Eles podem ser usados para identificar oportunidades de investimento e gerenciar o risco de investimento.

Embora a análise fundamentalista se concentre nos fatores econômicos que afetam o mercado, os fatores técnicos são importantes para entender o comportamento do mercado em curto prazo. Uma combinação de análise fundamentalista e fatores técnicos pode ajudar os investidores a tomar decisões informadas sobre seus investimentos.

Fatores técnicos são um dos principais fatores que afetam o valor de uma moeda no mercado cambial. Por exemplo, o nível de suporte e resistência de uma moeda pode influenciar o comportamento dos investidores e afetar o valor da moeda.

Embora os fatores técnicos possam ser uma ferramenta valiosa para a tomada de decisões de investimento, eles devem ser interpretados corretamente. Isso requer uma compreensão completa do contexto financeiro do mercado e uma análise cuidadosa das tendências e padrões.

Esses fatores mudam constantemente, refletindo as mudanças no comportamento do mercado. Portanto, é importante manter- se atualizado sobre esses fatores para tomar decisões informadas sobre investimentos.

Embora os fatores técnicos sejam importantes, eles devem ser considerados em conjunto com outros fatores que afetam o mercado financeiro, como eventos políticos, mudanças nas taxas de juros e flutuações do mercado de ações. É importante ter uma compreensão completa de todos esses fatores para obter um bom desempenho em suas análises.

"Os fundamentos da análise fundamentalista são a base para compreendermos as forças que movem o mercado Forex e identificar oportunidades de investimento duradouras"

- Warren Buffett.

FATORES ECONÔMICOS QUE AFETAM O FOREX

Neste capítulo, vamos nos aprofundar nos principais fatores econômicos que afetam o mercado Forex. Esses fatores podem ser divididos em duas categorias principais: fatores macroeconômicos e fatores microeconômicos.

Fatores Macroeconômicos - Os fatores macroeconômicos são aqueles que afetam a economia de um país como um todo. Incluem indicadores como PIB, taxa de inflação, taxa de juros, balança comercial, balanço de pagamentos, entre outros. A análise desses indicadores pode ajudar a entender a situação econômica do país e, consequentemente, a demanda pela moeda.

Fatores Microeconômicos - Os fatores microeconômicos são aqueles que afetam as empresas e setores específicos dentro de um país. Podem incluir eventos como lançamentos de produtos, mudanças na direção da empresa, fusões e aquisições, entre outros. A análise desses fatores pode ajudar a entender a performance das empresas e setores, que por sua vez, pode afetar a demanda pela moeda.

◆ ◆ ◆

Fatores macroeconômicos

Os fatores macroeconômicos são aqueles que afetam a economia de um país como um todo e, consequentemente, a demanda pela moeda. Veremos agora alguns dos principais fatores macroeconômicos que afetam o mercado Forex.

1. PIB - O Produto Interno Bruto (PIB) é um dos indicadores macroeconômicos mais importantes. Ele representa o valor total de todos os bens e serviços produzidos em um país durante um determinado período de tempo. O crescimento do PIB pode ser um indicativo da saúde econômica de um país e pode influenciar a demanda pela moeda.

2. Taxa de inflação - A taxa de inflação é outra métrica macroeconômica importante. Ela mede o aumento dos preços de bens e serviços em um determinado período de tempo. Uma inflação alta pode levar a uma desvalorização da moeda, uma vez que os investidores podem ficar preocupados com o impacto sobre a economia.

3. Taxa de juros - As taxas de juros definidas pelos bancos centrais de cada país são um dos principais fatores que afetam o Forex. Taxas de juros mais altas tornam a moeda mais atraente para investidores estrangeiros, o que pode levar a uma valorização da moeda.

4. Balança comercial - A balança comercial é a diferença entre o valor das exportações e importações de um país. Se um país exporta mais do que importa, a demanda pela sua moeda pode aumentar, o que pode levar a uma valorização da moeda.

5. Balanço de pagamentos - O balanço de pagamentos é um registro de todas as transações financeiras entre um país e o resto do mundo. Ele inclui pagamentos e recebimentos de bens, serviços, empréstimos e investimentos. Um balanço de pagamentos positivo pode indicar uma economia forte, o que pode influenciar a demanda pela moeda.

6.   Política fiscal - A política fiscal é a maneira como um governo arrecada e gasta dinheiro. Mudanças na política fiscal, como aumento de impostos ou cortes de gastos, podem afetar a economia e, consequentemente, a moeda.

7. Política monetária - A política monetária, que inclui decisões sobre taxas de juros, programas de estímulo monetário e compras de títulos, também pode afetar o valor da moeda de um país. Mudanças na política monetária podem levar a uma valorização ou desvalorização da moeda.

Esses são alguns dos principais fatores macroeconômicos que afetam o mercado Forex. A análise desses fatores é essencial para quem busca se tornar um analista fundamentalista de sucesso no mercado Forex. É importante lembrar que esses fatores podem interagir entre si e ter efeitos complexos sobre a economia e o mercado Forex.

Um clássico exemplo de efeito complexo que pode surgir com a interação desses fatores é o chamado "conflito de metas" que pode ocorrer na política monetária. Por exemplo, um governo pode decidir aumentar as taxas de juros para controlar a inflação, o que pode levar a uma valorização da moeda local. No entanto, essa valorização pode prejudicar a balança comercial do país, pois pode tornar as exportações mais caras e as importações mais baratas, reduzindo assim a demanda pela moeda local. Para lidar com esse conflito de metas, o banco central pode decidir intervir no mercado cambial comprando ou vendendo moeda, o que pode ter efeitos imprevisíveis sobre a economia. É por isso que a análise macroeconômica deve levar em conta a interação entre esses fatores e considerar as possíveis consequências não intencionais das políticas econômicas.

Fatores microeconômicos

Os fatores microeconômicos são aqueles que afetam as empresas e setores específicos dentro de um país e podem influenciar o mercado Forex de várias maneiras. O primeiro fator a ser considerado é a performance das empresas. Empresas com resultados financeiros positivos tendem a atrair mais investidores, aumentando a demanda pela moeda do país onde estão sediadas.

Outro fator importante é a política fiscal. Decisões do governo em relação a impostos e regulamentações podem afetar a performance das empresas. Mudanças no regime tributário, por exemplo, podem ter um impacto significativo sobre as finanças das empresas e, consequentemente, sobre a demanda pela moeda.

As políticas de incentivo ao comércio internacional também têm influência sobre o mercado Forex. Acordos comerciais e a abertura de novos mercados podem beneficiar as empresas exportadoras, levando a uma valorização da moeda do país de origem dessas empresas.

As mudanças na direção das empresas também podem afetar a demanda pela moeda. A nomeação de um novo CEO, por exemplo, pode levar a uma mudança na estratégia da empresa e, consequentemente, a uma alteração no valor da moeda do país onde a empresa está sediada.

A concorrência entre empresas também é um fator a ser considerado. A entrada de novos concorrentes no mercado pode levar a uma queda nos preços e nos lucros das empresas existentes, afetando a demanda pela moeda.

A performance do setor imobiliário também pode afetar o mercado Forex. Um boom no setor imobiliário pode levar a um aumento na construção de imóveis e na contratação de empresas de construção civil, gerando empregos e renda e, consequentemente, levando a uma valorização da moeda.

Por fim, a estabilidade política do país também é um fator importante a ser considerado. Eventos como eleições e crises políticas podem afetar a performance das empresas e, consequentemente, a demanda pela moeda. A análise dos fatores microeconômicos é essencial para quem busca entender as flutuações do mercado Forex e identificar possíveis oportunidades de investimento.

ANÁLISE DE INDICADORES ECONÔMICOS

A análise de indicadores econômicos é uma das ferramentas mais importantes para compreender o mercado Forex e tomar decisões de investimento informadas. Os indicadores econômicos são estatísticas que refletem o desempenho econômico de um país ou região e podem ser divididos em três categorias principais: indicadores macroeconômicos, indicadores de mercado e indicadores setoriais.

Os indicadores macroeconômicos incluem estatísticas sobre a economia em geral, como o Produto Interno Bruto (PIB), o Índice de Preços ao Consumidor (IPC), o Índice de Preços ao Produtor (IPP), a Taxa de Desemprego e a Balança Comercial. Esses indicadores oferecem uma visão ampla da saúde econômica de um país e podem afetar a taxa de câmbio da moeda.

Os indicadores de mercado, por sua vez, são estatísticas que refletem a performance de determinados mercados, como o mercado de ações e o mercado de commodities. Exemplos de indicadores de mercado incluem o Índice Bovespa, o preço do petróleo e o preço do ouro. A performance desses mercados pode afetar a moeda de um país, especialmente se o país é um grande produtor de commodities.

Os indicadores setoriais são estatísticas que refletem a performance de setores específicos da economia, como o setor automotivo, o setor de tecnologia e o setor imobiliário. Esses indicadores oferecem informações sobre a performance de empresas dentro desses setores e podem afetar a demanda pela moeda de um país.

Um grande investidor geralmente utiliza uma série de indicadores macroeconômicos para analisar a saúde econômica de um país e tomar decisões de investimento. Por exemplo, o Produto Interno Bruto (PIB) é um indicador amplamente utilizado para medir o desempenho econômico geral de um país. Um grande investidor pode analisar a taxa de crescimento do PIB, bem como a composição do PIB por setor, para avaliar a força da economia em diferentes áreas, como agricultura, indústria e serviços.

Outro indicador amplamente utilizado é a taxa de desemprego, que pode indicar a saúde geral do mercado de trabalho e a capacidade do país de sustentar a demanda do consumidor. Além disso, o investidor pode avaliar a taxa de inflação para avaliar a estabilidade de preços e prever possíveis movimentos futuros da taxa de juros.

O investidor também pode analisar o balanço de pagamentos de um país, que registra as transações comerciais e financeiras entre o país e o resto do mundo. Esses dados podem fornecer informações valiosas sobre a capacidade do país de financiar suas importações e exportações, bem como sua posição em relação a outros países.

Outro indicador importante é a taxa de juros, que pode afetar os retornos dos investimentos em um determinado país. Um investidor pode monitorar as decisões de política monetária do banco central do país em questão, bem como a inflação e outras condições econômicas para prever mudanças futuras nas taxas de juros.

Finalmente, um investidor pode avaliar o sentimento do mercado através de índices como o S&P 500 ou o Dow Jones Industrial Average. Esses índices podem fornecer informações sobre o desempenho geral do mercado de ações e a confiança dos investidores em relação à economia em geral.

Já sobre os indicadores de mercado o investidor pode monitorar o volume de negociações de ações em um determinado mercado para avaliar a atividade do mercado e determinar se há uma demanda significativa por determinados estoques.

Além disso, o investidor pode monitorar o desempenho de setores específicos do mercado, como tecnologia, saúde ou energia, para identificar oportunidades de investimento em setores específicos que possam ter um desempenho melhor do que o mercado em geral. O investidor também pode avaliar os níveis de volatilidade do mercado, bem como os níveis de risco e retorno esperados de diferentes tipos de investimentos.

Também é necessário avaliar a posição competitiva de empresas individuais dentro do mercado e fazer análises fundamentais para determinar o valor intrínseco das ações de uma empresa. Ao usar uma variedade de indicadores de mercado, o investidor pode tomar decisões de investimento informadas e maximizar seus retornos financeiro.

É necessário utilizar os indicadores setoriais para avaliar o desempenho de um setor específico da economia e tomar decisões de investimento mais informadas. Por exemplo, se um investidor estiver interessado no setor de tecnologia, ele pode analisar o desempenho financeiro das empresas líderes desse setor, como Apple, Amazon, Google e Facebook, para avaliar o potencial de crescimento e o risco de investimento.

Considere avaliar vários indicadores setoriais, como receitas, margens de lucro, preços das ações, fluxo de caixa livre e tendências de crescimento. Além disso, o investidor pode comparar o desempenho de uma empresa com outras empresas do mesmo setor ou do mercado em geral para avaliar sua posição competitiva.

Por exemplo, se um investidor estiver interessado no setor de energia renovável, ele pode analisar o crescimento da receita e a tendência de lucro das empresas líderes desse setor, bem como a adoção de energia renovável pelos governos e a demanda dos consumidores. Ele também pode analisar os preços das commodities relacionadas, como o preço do petróleo, e como isso pode afetar o desempenho das empresas de energia renovável.

Além disso, o investidor pode avaliar os fatores externos que podem afetar o desempenho do setor, como mudanças nas políticas governamentais, desenvolvimentos tecnológicos e a concorrência. Esses fatores podem influenciar a rentabilidade e a perspectiva de crescimento do setor e, por sua vez, afetar o desempenho das empresas individuais.

Em suma, os indicadores setoriais podem fornecer aos investidores informações valiosas sobre o desempenho financeiro de uma empresa em relação aos seus concorrentes e a saúde geral do setor. Isso pode ajudar o investidor a tomar decisões de investimento mais informadas e maximizar seus retornos.

"Os mercados financeiros têm a capacidade de antecipar eventos econômicos antes mesmo de eles ocorrerem, o que pode ajudar a orientar nossas decisões de investimento." - George Soros

ANÁLISE DE TAXA DE JUROS

A taxa de juros é um dos principais indicadores econômicos que os investidores usam para avaliar a saúde da economia e tomar decisões de investimento informadas. Neste capítulo, vamos discutir como a análise de taxa de juros pode ser usada para ajudar a prever as tendências do mercado financeiro e tomar decisões de investimento inteligentes.

A taxa de juros pode ser definida como o custo do dinheiro emprestado, ou o retorno sobre o dinheiro emprestado. É estabelecida pelo banco central de um país e afeta diretamente o custo de empréstimos para empresas e indivíduos, bem como a rentabilidade de investimentos em títulos de dívida do governo. Quando a taxa de juros está baixa, é mais barato tomar empréstimos e os investimentos em títulos de dívida do governo geram retornos menores, enquanto que uma taxa de juros alta tem o efeito contrário.

A análise de taxa de juros envolve o estudo das mudanças nas taxas de juros ao longo do tempo e sua relação com outros indicadores econômicos, como inflação, crescimento econômico e política monetária. Por exemplo, um aumento na taxa de juros pode indicar que o banco central está tentando conter a inflação, enquanto uma redução na taxa de juros pode indicar que o banco central está tentando estimular o crescimento econômico.

Os investidores podem usar a análise de taxa de juros para prever as tendências do mercado financeiro e tomar decisões de investimento informadas. Por exemplo, se a taxa de juros está em alta, pode ser vantajoso investir em títulos de dívida do governo de curto prazo para aproveitar os altos rendimentos. No entanto, se a taxa de juros estiver em baixa, pode ser mais vantajoso investir em títulos de dívida do governo de longo prazo, que oferecem retornos mais altos.

Além disso, os investidores podem usar a análise de taxa de juros para avaliar a saúde da economia em geral. Por exemplo, se a taxa de juros estiver baixa e o crescimento econômico estiver forte, isso pode indicar que a economia está em um período de expansão. No entanto, se a taxa de juros estiver alta e o crescimento econômico estiver fraco, isso pode indicar que a economia está em um período de desaceleração.

Por fim, os investidores também devem considerar a política monetária do banco central ao analisar as taxas de juros. Por exemplo, se o banco central estiver adotando uma política monetária expansionista, reduzindo as taxas de juros e injetando dinheiro na economia, isso pode indicar um ambiente favorável para investimentos de risco mais alto, como ações e títulos corporativos. Por outro lado, se o banco central estiver adotando uma política monetária restritiva, aumentando as taxas de juros e retirando dinheiro da economia, pode ser mais seguro investir em ativos de menor risco, como títulos de dívida do governo.

Um exemplo interessante de como a análise de taxa de juros pode afetar o mercado Forex é o caso do trader Andy Krieger. Em 1987, Krieger trabalhava para o Bankers Trust, quando soube que o governo da Nova Zelândia pretendia limitar a quantidade de moeda em circulação, a fim de combater a inflação. Krieger acreditava que essa medida resultaria em uma valorização excessiva do dólar neozelandês (NZD) em relação ao dólar americano (USD), e decidiu agir rapidamente.

Ele convenceu o Bankers Trust a lhe dar um capital de US $ 700 milhões para especular na moeda neozelandesa, e em apenas duas semanas, Krieger conseguiu gerar um lucro de US $ 300 milhões, fazendo com que o valor do NZD caísse rapidamente em relação ao USD.

O que tornou esse negócio tão surpreendente foi a escala do investimento e o uso agressivo da alavancagem para gerar lucros. Krieger comprou a maioria das posições com alavancagem de 400:1, o que significa que ele estava arriscando US $ 400 em capital de margem para cada dólar investido. Esse tipo de negociação de alto risco é incomum no mercado Forex, mas Krieger usou sua análise de taxa de juros para identificar uma oportunidade única.

Essa história ilustra como a análise de taxa de juros pode ser um fator crucial na tomada de decisões de negociação no mercado Forex. Ao avaliar as políticas monetárias de diferentes países, os traders podem antecipar movimentos de preços e tomar decisões informadas sobre como investir seu capital. Claro, é importante lembrar que o comércio de moeda envolve riscos significativos, e mesmo os traders mais experientes às vezes experimentam perdas significativas.

"Eu percebi que havia uma oportunidade única para fazer uma grande quantidade de dinheiro muito rapidamente, e eu estava disposto a assumir o risco". - Andy Krieger

ANÁLISE DE BALANÇOS COMERCIAIS E ORÇAMENTOS

A análise de balanços comerciais e orçamentos é uma ferramenta importante para avaliar a saúde financeira de um país e a sustentabilidade de sua economia. Os balanços comerciais mostram o saldo entre as exportações e importações de um país, enquanto os orçamentos mostram a receita e as despesas do governo. Ambos os indicadores são cruciais para entender a situação econômica de um país e tomar decisões de investimento informadas.

A análise de balanços comerciais é importante porque pode ajudar a entender a competitividade de um país em relação a outros países. Se um país está exportando mais do que importando, pode ser visto como competitivo e saudável. Por outro lado, se um país está importando mais do que exportando, pode ser visto como menos competitivo e mais vulnerável a choques externos.

A análise de orçamentos governamentais é importante porque pode ajudar a avaliar a capacidade do governo de financiar suas atividades e projetos. Se um governo estiver gastando mais do que arrecadando, pode enfrentar problemas financeiros e ter dificuldade em financiar seus projetos de infraestrutura e programas sociais. Por outro lado, se um governo estiver arrecadando mais do que gastando, pode ser visto como financeiramente responsável e capaz de investir em projetos que beneficiem a economia.

Além disso, a análise de balanços comerciais e orçamentos pode ajudar os investidores a avaliar o risco de investir em um determinado país. Se um país estiver enfrentando déficits comerciais ou orçamentários crescentes, pode ser considerado mais arriscado para os investidores. Por outro lado, se um país estiver apresentando superávits comerciais e orçamentários, pode ser considerado menos arriscado.

Os investidores também podem usar a análise de balanços comerciais e orçamentos para identificar setores da economia que possam se beneficiar ou ser afetados por mudanças nessas métricas. Por exemplo, um superávit comercial pode indicar que as empresas exportadoras de um país podem se beneficiar, enquanto um déficit comercial pode indicar que as empresas importadoras podem ser afetadas negativamente.

Em resumo, a análise de balanços comerciais e orçamentos é uma ferramenta valiosa para avaliar a saúde financeira de um país e tomar decisões de investimento informadas. Ela pode ajudar os investidores a entender a competitividade de um país, a capacidade do governo de financiar projetos, o risco de investimento e a identificar setores que possam se beneficiar ou ser afetados pelas mudanças nessas métricas.

Houve um caso notório em 1992, conhecido como "Black Wednesday", em que o investidor George Soros lucrou cerca de 1 bilhão de dólares em um único dia. Ele fez isso apostando contra a libra esterlina britânica, que na época estava ligada ao Mecanismo de Taxas de Câmbio Europeu (MTC).

Soros começou a fazer sua jogada contra a libra esterlina quando o Reino Unido começou a lutar para manter a taxa de câmbio da libra dentro do MTC, enquanto as taxas de juros estavam subindo.

Soros acreditava que a taxa de câmbio era insustentável e que o governo britânico teria que desvalorizar a libra esterlina.

Ele começou a apostar contra a libra, primeiro vendendo ações britânicas e depois vendendo a própria moeda. Para fazer isso, ele emprestou grandes quantidades de libras esterlinas, converteu-as em outras moedas e esperou que a libra caísse, para então recomprá-la a um preço mais baixo. Quando a libra finalmente desvalorizou em relação às outras moedas, Soros comprou libras novamente com as outras moedas que havia comprado e as devolveu, ganhando uma enorme quantia de dinheiro.

Soros se beneficiou da análise de balanços comerciais e orçamentos do Reino Unido, que indicavam uma pressão crescente sobre a taxa de câmbio da libra esterlina. Ele combinou essa análise com a tendência macroeconômica e as notícias atuais, permitindo-lhe fazer uma aposta bem-sucedida contra a libra esterlina. Essa jogada financeira fez de Soros uma das pessoas mais ricas do mundo e foi um exemplo notável de como a análise de balanços comerciais e orçamentos pode ser usada para fazer grandes lucros nos mercados financeiros.

"Os números não mentem." - Jamie Dimon, CEO do JPMorgan Chase, destacando a importância da análise de balanços comerciais e orçamentos na tomada de decisões financeiras.

ANÁLISE DE DESEMPREGO E INFLAÇÃO

A análise de desemprego e inflação é uma parte importante da análise fundamentalista do mercado forex. Ambos os indicadores podem ter um impacto significativo na economia de um país e, portanto, no valor de sua moeda. Neste capítulo, vamos explorar a relação entre desemprego e inflação e como esses indicadores podem ser usados para prever as tendências do mercado forex.

O desemprego é um indicador chave da saúde econômica de um país. Quanto menor a taxa de desemprego, maior a demanda por bens e serviços, o que pode levar a um aumento da inflação. Por outro lado, quando a taxa de desemprego é alta, a demanda por bens e serviços diminui, o que pode levar a uma deflação. Os traders de forex podem usar dados de desemprego para prever as tendências de inflação futura e, portanto, tomar decisões de negociação informadas.

O investidor pode usar a taxa de desemprego como uma ferramenta para fazer grandes tradings no mercado Forex. Por exemplo, se a taxa de desemprego de um país está em queda, pode ser um sinal de que a economia está se recuperando e a demanda pela moeda desse país pode aumentar. Nesse caso, um investidor pode optar por comprar a moeda desse país antes que o valor aumente.

Por outro lado, se a taxa de desemprego de um país está em alta, isso pode indicar uma economia fraca e instável, o que pode levar a uma queda no valor da moeda desse país. Nesse caso, um investidor pode optar por vender a moeda desse país antes que o valor caia ainda mais.

Além disso, é importante lembrar que a taxa de desemprego pode afetar diferentes setores da economia de maneiras diferentes. Por exemplo, uma taxa de desemprego alta pode levar a uma queda na demanda por bens e serviços, o que pode afetar negativamente empresas de varejo e turismo. Por outro lado, setores como o de tecnologia e saúde podem ser menos afetados pela taxa de desemprego.

Portanto, ao analisar a taxa de desemprego, é importante levar em consideração o impacto que ela pode ter em diferentes setores da economia e tomar decisões de trading com base nessa análise abrangente.

A inflação é outro indicador crítico que afeta a economia de um país e, portanto, o mercado forex. A inflação ocorre quando há um aumento geral nos preços dos bens e serviços em uma economia. Quando a inflação é alta, o poder de compra da moeda diminui, o que pode levar a uma queda no valor da moeda em relação a outras moedas estrangeiras. Os traders de forex podem usar dados de inflação para prever tendências futuras e tomar decisões de negociação com base nessas previsões.

Se a taxa de inflação em um país está aumentando, os traders podem antecipar que o banco central do país pode aumentar as taxas de juros para controlar a inflação. Isso pode levar a uma valorização da moeda desse país em relação a outras moedas.

Por outro lado, se a taxa de inflação em um país é baixa, os traders podem antecipar que o banco central pode reduzir as taxas de juros para estimular o crescimento econômico. Isso pode levar a uma desvalorização da moeda desse país em relação a outras moedas.

Além disso, a inflação pode afetar diferentes setores da economia de maneira diferente. Por exemplo, em tempos de inflação alta, os setores de commodities, como o petróleo e o ouro, podem se beneficiar, já que os preços desses produtos geralmente aumentam durante períodos de inflação. Por outro lado, setores como o de varejo e imobiliário podem ser afetados negativamente, já que os preços ao consumidor podem aumentar e a demanda por imóveis pode diminuir.

Os traders podem usar uma variedade de indicadores para monitorar a inflação, incluindo o índice de preços ao consumidor (IPC), o índice de preços ao produtor (IPP) e o índice de preços de commodities (IPC). Eles também podem monitorar as políticas do banco central e os relatórios econômicos, como o relatório de inflação, para obter uma visão mais abrangente da economia e tomar decisões de investimento mais informadas.

A análise de desemprego e inflação juntas também pode ajudar os traders a entender a relação entre esses dois indicadores. Por exemplo, se a taxa de desemprego estiver baixa, mas a inflação estiver alta, isso pode indicar uma pressão inflacionária. Por outro lado, se a taxa de desemprego estiver alta e a inflação estiver baixa, isso pode indicar uma deflação.

Um exemplo de investidor que utilizou a análise das taxas de desemprego e inflação para fazer um grande trading no mercado forex é Paul Tudor Jones. Em 1987, Jones previu corretamente que o Federal Reserve (banco central dos Estados Unidos) iria diminuir as taxas de juros para combater a inflação crescente no país. Ele fez uma grande aposta contra o dólar americano e a favor do mercado de títulos do Tesouro, que se beneficiaria da queda das taxas de juros.

Jones também olhou para a taxa de desemprego na época, que estava em declínio, como um indicador de que a economia estava se recuperando e que os preços poderiam subir ainda mais. Ele colocou uma grande parte de seu fundo na aposta contra o dólar americano e acabou lucrando mais de 200% com o movimento.

A estratégia de Jones foi baseada na análise de indicadores

macroeconômicos, incluindo a taxa de desemprego e a inflação. Ele usou essas informações para prever as ações do Federal Reserve e fazer uma aposta contrária ao dólar americano. Sua análise cuidadosa e sua coragem em colocar uma grande parte de seu fundo na aposta o levaram a grandes ganhos no mercado forex.

"Eu acredito que a inflação é como o vento. Você não pode ver, mas pode sentir" - **Paul Tudor Jones**

ANÁLISE DE EVENTOS POLÍTICOS E GEOPOLÍTICOS

Os eventos políticos e geopolíticos são fatores-chave que influenciam o mercado Forex. Eles podem criar instabilidade econômica em um país e, consequentemente, afetar o valor de sua moeda em relação a outras moedas. Um evento político ou geopolítico pode ser uma eleição presidencial, um conflito militar, sanções econômicas, tratados comerciais e muito mais.

É importante destacar que nem todos os eventos políticos ou geopolíticos afetam o mercado Forex da mesma maneira. Alguns eventos podem ser mais significativos do que outros. Além disso, a análise desses eventos deve ser feita em conjunto com outras análises.

Um exemplo claro de evento político que afetou o mercado Forex foi a eleição presidencial dos Estados Unidos em 2016. A vitória inesperada de Donald Trump causou uma grande incerteza no mercado e levou a uma queda imediata no valor do dólar americano. Além disso, a política econômica e comercial de Trump afetou as taxas de câmbio do dólar em relação a outras moedas.

Outro exemplo é a Brexit, a saída do Reino Unido da União Europeia. O processo de negociação e a incerteza em torno dele causaram grandes flutuações na libra esterlina em relação a outras moedas. A incerteza política e econômica do Brexit ainda continua a influenciar o mercado Forex.

As tensões geopolíticas também podem afetar o mercado Forex. Por exemplo, o conflito entre os Estados Unidos e o Irã em janeiro de 2020 levou a um aumento nos preços do petróleo, o que por sua vez afetou o valor de algumas moedas.

Além disso, os tratados comerciais também podem influenciar o mercado Forex. Por exemplo, a renegociação do Acordo de Livre Comércio da América do Norte (NAFTA) entre os Estados Unidos, o Canadá e o México teve um impacto significativo nas taxas de câmbio desses países.

Quando há um conflito armado em um país, pode haver impactos significativos no mercado cambial. A volatilidade pode aumentar e o valor da moeda pode flutuar bastante. Portanto, um trader de forex deve estar atento às notícias e eventos relacionados a países em guerra, a fim de identificar oportunidades de negociação.

Uma das principais coisas que um trader deve prestar atenção é a duração do conflito e suas implicações políticas. O prolongamento do conflito pode afetar a estabilidade do governo e as perspectivas de crescimento econôm

Outro aspecto importante a considerar é a participação de outros países no conflito. Se houver intervenção de países poderosos, como os Estados Unidos ou a Rússia, por exemplo, isso pode ter um impacto significativo no mercado cambial, pois a ação desses países pode afetar a geopolítica global e gerar instabilidade em outras regiões.

Os traders também devem prestar atenção aos efeitos humanitários do conflito, como o deslocamento de pessoas e a interrupção do comércio. Esses fatores podem afetar a economia do país em questão e ter um impacto na moeda.

É importante que os traders de forex considerem as expectativas do mercado em relação a um país em guerra. O mercado pode já ter precificado o conflito e o impacto potencial na moeda pode ser limitado. Portanto, é importante que o trader esteja ciente da situação atual e considere a possibilidade de surpresas ou mudanças inesperadas que possam afetar o mercado cambial.

◆ ◆ ◆

Michael Marcus é um dos traders lendários que começou sua carreira na década de 1970 e tornou-se um dos melhores traders de todos os tempos. Ele fez uma fortuna negociando em várias commodities e no mercado Forex.

Em meados dos anos 1980, Marcus realizou um grande negócio com base em sua análise política e geopolítica. Ele antecipou que a economia japonesa seria afetada pela desvalorização do dólar americano, que ocorreu em grande parte devido à política econômica do governo dos Estados Unidos.

Marcus notou que a economia japonesa estava altamente dependente das exportações e que a desvalorização do dólar americano tornaria os produtos japoneses mais caros para os compradores internacionais. Além disso, ele antecipou que o governo japonês iria intervir no mercado cambial para proteger a economia, o que levaria a uma desvalorização do iene.

Com base nessa análise, Marcus decidiu vender ienes japoneses e comprar dólares americanos. Ele abriu uma posição curta no par de moedas USD/JPY e esperou. A decisão de Marcus foi acertada: a intervenção do governo japonês no mercado cambial levou a uma queda no valor do iene japonês, enquanto o dólar americano se valorizou.

Ao final do dia, Marcus tinha triplicado seu capital, transformando uma posição inicial de US$ 30.000 em mais de US$ 90.000. Esse foi um grande sucesso para Marcus, que continuou a ter uma carreira de sucesso no mercado Forex por muitos anos.

A história de Marcus é um exemplo de como a análise política e geopolítica pode ser útil para os traders de Forex. O entendimento dos eventos políticos e das relações internacionais pode ajudar os traders a prever as tendências do mercado e a tomar decisões de negociação informadas.

ANÁLISE DE RELATÓRIOS DE INFLAÇÃO

Os relatórios de inflação são um dos principais indicadores econômicos que os traders de Forex utilizam para prever a direção dos mercados. Eles são divulgados por bancos centrais e outras agências governamentais e fornecem informações sobre a taxa de inflação em uma determinada região ou país. Neste capítulo, vamos explorar como esses relatórios são produzidos e como interpretá-los corretamente.

Os relatórios de inflação são produzidos por instituições governamentais responsáveis pela política monetária, como o banco central de um país. Essas instituições têm como objetivo monitorar e controlar a inflação para garantir a estabilidade econômica.

Para produzir um relatório de inflação, são coletados dados sobre preços de bens e serviços em diferentes setores da economia. Esses dados são coletados por meio de pesquisas de preços em lojas, supermercados, postos de gasolina, entre outros estabelecimentos. Também são coletados dados sobre a oferta e demanda de produtos, bem como informações sobre o mercado de trabalho e o desempenho da economia como um todo.

Com base nessas informações, é possível calcular o índice de preços ao consumidor (IPC) e outros indicadores de inflação, como o Índice Geral de Preços (IGP) e o Índice Nacional de

Preços ao Consumidor (INPC). Esses indicadores são divulgados regularmente em relatórios de inflação, que são importantes para os traders e investidores avaliarem as condições econômicas e tomarem decisões de investimento.

Os relatórios de inflação também podem incluir projeções futuras para a inflação com base em diferentes cenários econômicos. Essas projeções são baseadas em modelos econômicos que levam em conta variáveis como taxa de juros, crescimento econômico e políticas governamentais. As projeções de inflação são importantes para os traders de curto prazo, pois podem afetar a política monetária de um país e, consequentemente, as taxas de juros e a taxa de câmbio.

A análise de relatórios de inflação é uma estratégia comumente utilizada por traders que buscam operar no curto prazo no mercado Forex. Seguem abaixo os passos para realizar essa análise:

1. Encontre a data de divulgação do relatório de inflação: Essa informação pode ser encontrada em um calendário econômico, disponível em diversos sites especializados em análise de mercado.

2. Escolha um par de moedas: Selecione um par de moedas que seja impactado pelo relatório de inflação. Por exemplo, se o relatório for sobre a inflação nos Estados Unidos, o par USD/JPY pode ser uma opção adequada.

3. Analise as previsões do mercado: Antes da divulgação do relatório, é comum que especialistas e analistas façam previsões sobre os dados que serão divulgados. Analise essas previsões para ter uma ideia do que esperar.

4. Compare as previsões com os dados divulgados: Assim que o relatório for divulgado, compare as previsões do mercado com os dados reais divulgados. Se houver uma diferença significativa entre os números, isso pode indicar oportunidades de trading.

5. Identifique as reações do mercado: Observe como o mercado reage aos dados divulgados. Se o resultado do relatório for melhor do que o esperado, a moeda pode se valorizar. Se for pior do que o

esperado, a moeda pode se desvalorizar.

6. Entre no mercado: Com base na análise das previsões e dos dados divulgados, e na observação das reações do mercado, decida se deve entrar em uma posição de compra (long) ou venda (short) no par de moedas escolhido.

7. Gerencie seu risco: Como em qualquer operação no mercado Forex, é importante gerenciar seu risco. Utilize ferramentas como stop loss e take profit para minimizar suas perdas e maximizar seus ganhos.

ANÁLISE DE DADOS DE PRODUÇÃO INDUSTRIAL

A produção industrial é um importante indicador da economia de um país e, por isso, é muito acompanhada por traders e investidores. A análise de dados de produção industrial pode ser útil para prever mudanças no mercado financeiro e pode ajudar a tomar decisões de investimento mais informadas. Neste capítulo, vamos explorar como a análise de dados de produção industrial pode ser utilizada para operar no mercado forex.

A produção industrial refere-se à produção de bens manufaturados e é considerada um indicador importante do crescimento econômico de um país. Dados de produção industrial são coletados por agências governamentais ou por organizações privadas. Esses dados podem incluir informações sobre a produção de bens duráveis e não duráveis, a produção por setor e a produção por região.

Para analisar os dados de produção industrial, um trader pode acompanhar as tendências ao longo do tempo e comparar com os dados de outros países ou regiões. Além disso, os traders também podem analisar os dados de produção industrial em conjunto com outros indicadores econômicos, como o PIB, a inflação e as taxas de juros.

Os traders podem usar a análise de dados de produção industrial para identificar oportunidades de investimento. Por exemplo, se a produção industrial de um país está aumentando, isso pode indicar uma economia em crescimento e, consequentemente, pode ser um bom momento para investir em empresas desse país. Por outro lado, se a produção industrial de um país está em declínio, isso pode indicar uma economia em desaceleração e pode ser um sinal para os traders reduzirem seus investimentos. A análise de dados de produção industrial também pode ser útil para prever mudanças futuras na economia. Por exemplo, se os dados de produção industrial estão em declínio, isso pode indicar uma recessão econômica iminente. Isso pode ajudar os traders a se prepararem para futuras flutuações do mercado.

Além disso, a análise de dados de produção industrial pode ajudar os traders a identificarem tendências em setores específicos da economia. Por exemplo, se a produção industrial está aumentando no setor de tecnologia, isso pode indicar uma tendência de crescimento para empresas de tecnologia e pode ser um sinal para os traders investirem em ações dessas empresas.

Em resumo, a análise de dados de produção industrial pode fornecer informações valiosas para traders e investidores. Ela pode ajudar a prever mudanças futuras na economia e identificar oportunidades de investimento. É importante lembrar que a análise de dados de produção industrial deve ser usada em conjunto com outras informações e indicadores econômicos para tomar decisões de investimento informadas e bem-sucedidas.

Em 2010, o governo chinês anunciou um plano para reduzir a produção de aço em um esforço para reduzir a poluição e reequilibrar a economia. O plano envolveu o fechamento de várias usinas siderúrgicas em todo o país, o que impactou significativamente a produção industrial.

Um trader de commodities chamado David Donora viu uma oportunidade de lucrar com a queda na produção de aço da China. Ele começou a monitorar os dados de produção industrial da China e percebeu uma tendência de queda na produção de aço. Ele então começou a vender contratos futuros de aço, apostando que o preço iria cair devido à queda na demanda.

A estratégia de Donora deu certo, e ele lucrou muito com a queda do preço do aço. Ele foi capaz de prever a tendência de queda com base em sua análise cuidadosa dos dados de produção industrial da China. Donora continuou a acompanhar de perto os dados de produção industrial da China e ajustou sua estratégia de acordo com as mudanças nos números. No final, ele conseguiu aumentar seus lucros significativamente ao longo do tempo.

Essa história ilustra a importância de analisar os dados de produção industrial em mercados como o de commodities, onde a oferta e a demanda são fatores-chave que influenciam os preços. Ao entender os dados de produção industrial, um trader pode prever tendências de oferta e demanda, e fazer negociações mais bem informadas no mercado.

"Sem produção, a economia não pode crescer. Sem crescimento, a economia não pode se desenvolver. E sem desenvolvimento, a economia não pode prosperar." - Julian Simon.

ANÁLISE DE INDICADORES SETORIAIS

Os indicadores setoriais são produzidos por diversas entidades, tais como associações de indústrias, agências governamentais, empresas de pesquisa e consultoria, entre outras. Esses indicadores fornecem informações específicas sobre o desempenho de um setor econômico, seja ele agrícola, industrial, de serviços, entre outros.

Para produzir esses indicadores, as entidades geralmente coletam dados de empresas do setor em questão, como produção, vendas, empregos, investimentos, preços, entre outros. Esses dados são processados e analisados, a fim de se chegar a indicadores que representem o desempenho do setor como um todo. Esses indicadores podem ser divulgados mensalmente, trimestralmente ou anualmente, dependendo da entidade que os produz.

Entre os indicadores setoriais mais conhecidos, podemos citar o Índice de Preços ao Produtor (IPP), o Índice de Preços ao Consumidor (IPC), o Índice de Atividade Econômica do Banco Central (IBC-Br), o Índice de Confiança da Indústria (ICI), entre outros. Cada um desses indicadores fornece informações importantes sobre o desempenho de um determinado setor da economia, possibilitando a análise e a tomada de decisões por parte de investidores, empresários e governantes.

A análise de indicadores setoriais pode ajudar os investidores a identificar quais setores estão superando ou ficando para trás em relação ao mercado geral. Por exemplo, se a produção industrial de um setor específico está aumentando enquanto outros setores estão em queda, isso pode indicar que esse setor específico está se saindo melhor do que os outros.

Os investidores também podem usar a análise de indicadores setoriais para identificar tendências no mercado. Se vários setores estão mostrando sinais de desaceleração, isso pode ser um sinal de que a economia em geral está começando a desacelerar também. Por outro lado, se vários setores estão apresentando um crescimento forte, isso pode indicar um mercado em alta.

Ao analisar os indicadores setoriais, é importante considerar outros fatores que podem afetar o desempenho de um setor específico. Por exemplo, mudanças nas políticas governamentais, flutuações cambiais e eventos econômicos internacionais podem ter um impacto significativo nos setores da economia.

Os investidores podem usar a análise de indicadores setoriais para tomar decisões informadas sobre quais setores investir ou evitar. Por exemplo, se um setor específico está apresentando um crescimento forte e tem uma perspectiva positiva, um investidor pode optar por alocar uma parte de seus investimentos nesse setor.

No entanto, é importante lembrar que a análise de indicadores setoriais não é infalível e não deve ser usada como a única base para tomar decisões de investimento.

Em resumo, a análise de indicadores setoriais é uma ferramenta valiosa para avaliar o desempenho de um setor específico da economia. Ao considerar a análise de indicadores setoriais, os investidores podem identificar tendências, prever mudanças no mercado e tomar decisões informadas sobre quais setores investir ou evitar. No entanto, é importante considerar outros fatores que possam afetar o desempenho de um setor específico e não confiar exclusivamente nos indicadores setoriais para tomar decisões de investimento.

◆ ◆ ◆

Houve um caso famoso em 2017 em que um trader de commodities chamado Andrew Cosgrove fez um grande trading com base na análise de indicadores setoriais. Cosgrove trabalhava na trading house americana Whitehall Group, e em meados de 2017, começou a notar uma forte demanda por minério de ferro na China, que estava impulsionando os preços.

Cosgrove começou a investigar as razões por trás dessa demanda, e descobriu que a produção de aço na China estava aumentando rapidamente, graças a um programa de investimentos em infraestrutura do governo. Ele então analisou os indicadores setoriais relacionados à produção de aço, como as vendas de carvão para as usinas siderúrgicas, e notou que estavam crescendo rapidamente.

Com base em sua análise, Cosgrove fez um grande trading em futuros de minério de ferro, apostando que os preços continuariam subindo. Sua aposta se mostrou acertada, e ele obteve um lucro significativo para a Whitehall Group.

Essa história mostra a importância da análise de indicadores setoriais na tomada de decisões de trading. Ao observar as tendências em setores específicos, é possível identificar oportunidades de investimento e prever tendências de preços antes que se tornem aparentes para outros investidores.

"Não há almoço grátis". Essa frase de Milton Friedman é frequentemente citada como uma advertência de que as políticas governamentais que beneficiam um setor ou grupo específico podem ter custos ocultos ou efeitos negativos não intencionais em outros setores ou na economia como um todo.

ANÁLISE DE RELATÓRIOS DE RECEITA CORPORATIVA

Os relatórios de receita corporativa fornecem informações importantes sobre o desempenho financeiro de uma empresa. Eles incluem informações sobre as vendas, receitas e lucros da empresa durante um determinado período. Esses relatórios são uma fonte valiosa de informações para os investidores e traders, pois ajudam a avaliar o valor de uma empresa e sua capacidade de gerar lucros. Os relatórios de receita corporativa são produzidos trimestralmente e anualmente pelas empresas. Eles fornecem informações sobre as vendas totais, receitas, custos e lucros, bem como a análise dos principais indicadores financeiros, como margem de lucro, retorno sobre o patrimônio líquido e fluxo de caixa.

Os investidores usam os relatórios de receita corporativa para avaliar o desempenho de uma empresa em relação a seus concorrentes e a indústria como um todo. Eles também ajudam a determinar se uma empresa está crescendo ou em declínio. Se uma empresa reportar uma receita e lucro maior do que o esperado, isso pode aumentar a confiança dos investidores na empresa e aumentar seu valor de mercado.

Os traders de forex também usam os relatórios de receita

corporativa para tomar decisões de negociação. Quando uma empresa reporta um desempenho financeiro melhor do que o esperado, sua ação pode subir, e isso pode ter um impacto positivo na moeda do país em que a empresa está localizada. Por outro lado, se a empresa reportar um desempenho pior do que o esperado, sua ação pode cair, e isso pode ter um impacto negativo na moeda do país em que a empresa está localizada.

Os traders também prestam atenção à perspectiva futura das empresas, que é geralmente discutida nos relatórios de receita corporativa. Se a empresa tiver uma perspectiva positiva, os traders podem se sentir mais confiantes em suas posições de negociação, pois acreditam que a empresa terá um desempenho financeiro melhor no futuro.

No entanto, é importante notar que nem sempre os relatórios de receita corporativa são uma indicação precisa do desempenho financeiro de uma empresa. As empresas podem usar técnicas contábeis para aumentar sua receita ou ocultar dívidas e passivos, o que pode afetar negativamente o valor da empresa no futuro.

A análise de relatórios de receita corporativa é uma parte importante da análise fundamentalista no mercado forex. Os investidores e traders usam esses relatórios para avaliar o desempenho financeiro das empresas e tomar decisões de negociação. No entanto, é importante estar ciente das limitações dos relatórios e usar outras fontes de informação para fazer uma análise completa e precisa.

Aqui está um passo a passo de como um trader de forex pode analisar os relatórios de receita corporativa:

1. Escolha as empresas a serem analisadas: o trader deve selecionar as empresas cujos relatórios de receita serão analisados. É importante escolher empresas que operem no setor em que o

trader está interessado.

2. Coletar os relatórios financeiros: o trader deve coletar os relatórios financeiros da empresa, incluindo o balanço patrimonial, a demonstração de resultados e o fluxo de caixa.

3. Analisar a receita: o trader deve analisar a receita da empresa ao longo do tempo, comparando-a com a receita de outras empresas do mesmo setor. Isso ajudará a identificar tendências e padrões na receita.

4. Analisar os custos: o trader deve analisar os custos da empresa, incluindo os custos de produção e as despesas operacionais. Isso ajudará a determinar a margem de lucro da empresa e a sua eficiência operacional.

5. Analisar o lucro: o trader deve analisar o lucro da empresa ao longo do tempo, comparando-o com o lucro de outras empresas do mesmo setor. Isso ajudará a identificar tendências e padrões no lucro.

6. Analisar a posição de caixa: o trader deve analisar a posição de caixa da empresa, incluindo o fluxo de caixa operacional e o fluxo de caixa livre. Isso ajudará a determinar se a empresa tem dinheiro suficiente para investir em projetos futuros ou pagar dividendos aos acionistas.

7. Analisar o guidance da empresa: o trader deve analisar o guidance da empresa, que é uma previsão de como a empresa espera que sua receita e lucro se desenvolvam no futuro. Isso pode ajudar a identificar oportunidades de investimento.

8. Analisar a concorrência: o trader deve analisar a concorrência da empresa, incluindo outras empresas do mesmo setor e empresas que oferecem produtos ou serviços similares. Isso ajudará a determinar a posição da empresa no mercado e sua capacidade de competir com outras empresas.

9. Analisar os riscos: o trader deve analisar os riscos que a empresa enfrenta, incluindo riscos regulatórios, riscos de mercado e riscos operacionais. Isso ajudará a determinar se a empresa é um investimento seguro.

10. Tomar decisões de investimento: com base na análise dos relatórios de receita corporativa.

ANÁLISE DE DADOS DO VAREJO

Os dados do varejo são produzidos por órgãos governamentais responsáveis pela coleta e análise de informações relacionadas às vendas no varejo. Em geral, são realizadas pesquisas junto a empresas do setor varejista, que fornecem informações sobre suas vendas, preços praticados, entre outros dados relevantes.

Nos Estados Unidos, por exemplo, os dados do varejo são produzidos pelo Departamento de Comércio, que publica mensalmente o relatório de vendas no varejo. A pesquisa é realizada junto a uma amostra representativa de empresas do setor, que fornecem informações sobre suas vendas e preços praticados.

Já no Brasil, os dados do varejo são produzidos pelo Instituto Brasileiro de Geografia e Estatística (IBGE), que realiza a Pesquisa Mensal de Comércio (PMC) em todo o país. A PMC é realizada com base em uma amostra de empresas do setor varejista, que fornecem informações sobre suas vendas e preços.

A coleta de dados do varejo pode ser feita por meio de diversas técnicas, como entrevistas com gerentes de lojas, análise de documentos fiscais e registros de vendas, entre outras. A partir desses dados, são elaborados índices que permitem acompanhar a evolução das vendas no setor e identificar tendências e mudanças no comportamento do consumidor.

A análise de dados do varejo é uma técnica importante na análise fundamentalista do mercado forex. Isso porque as tendências no varejo são muitas vezes vistas como indicativas do desempenho econômico geral de um país. Neste capítulo, vamos explorar como os traders de forex podem usar a análise de dados do varejo para tomar decisões de trading informadas.

Passo 1: Encontre fontes confiáveis de dados de varejo.
Existem várias fontes de dados do varejo que os traders de forex podem usar. Alguns dos mais comuns incluem o Índice de Vendas no Varejo (Retail Sales Index) e o Índice de Preços no Varejo (Retail Price Index). Esses dados são geralmente divulgados mensalmente e podem ser obtidos em sites de organizações governamentais, como o Bureau of Labor Statistics nos Estados Unidos, ou em instituições financeiras.

Passo 2: Analise as tendências de longo prazo.
Ao analisar os dados do varejo, é importante olhar para as tendências de longo prazo. Isso pode ser feito comparando os dados de vários anos e observando como eles mudaram ao longo do tempo. Essa análise pode ajudar a identificar padrões e tendências que podem ser usados para prever o desempenho futuro da economia.

Passo 3: Considere as variações sazonais. Os dados do varejo podem ser influenciados por variações sazonais, como compras de fim de ano ou vendas de volta às aulas. É importante levar em consideração essas variações ao analisar os dados do varejo. Uma maneira de fazer isso é comparar os dados com os mesmos meses do ano anterior.

Passo 4: Analise os dados do varejo em relação a outros indicadores econômicos
Os dados do varejo podem ser usados em conjunto com outros indicadores econômicos, como a taxa de desemprego e os índices de preços. Essa análise pode ajudar a identificar padrões e tendências mais amplas na economia.

Passo 5: Use a análise técnica para confirmar suas conclusões
Por fim, os traders de forex podem usar a análise técnica para confirmar suas conclusões sobre os

dados   do   varejo.   Por exemplo, se os dados do varejo indicam que a economia está crescendo, isso pode ser confirmado por um aumento nos preços das ações e uma diminuição nas taxas de juros.

◆ ◆ ◆

Conclusão

A análise de dados do varejo pode ser uma ferramenta valiosa na análise fundamentalista do mercado forex. Ao considerar as tendências de longo prazo, variações sazonais e outros indicadores econômicos, os traders de forex podem usar a análise de dados do varejo para tomar decisões de trading informadas e bem-sucedidas.

ANÁLISE DE DADOS DE CRÉDITO

Os dados de crédito são produzidos a partir de informações coletadas pelos órgãos reguladores e instituições financeiras sobre empréstimos e financiamentos concedidos a indivíduos e empresas. Essas informações incluem o valor do empréstimo, prazo, taxa de juros, inadimplência, entre outros dados relevantes. Os órgãos reguladores, como o Banco Central, coletam e compilam esses dados para monitorar o sistema financeiro e tomar medidas regulatórias se necessário. As instituições financeiras também utilizam esses dados para avaliar riscos e tomar decisões de crédito.

Além disso, há também empresas especializadas em fornecer dados de crédito, como as agências de crédito, que coletam informações sobre o histórico de crédito de indivíduos e empresas, incluindo pagamentos em atraso e dívidas em aberto. Essas informações são utilizadas pelos credores para avaliar o risco de conceder empréstimos e financiamentos.

A análise de dados de crédito é uma importante ferramenta utilizada pelos traders de Forex para avaliar a saúde financeira de uma empresa ou de um país. Esses dados incluem informações sobre empréstimos, inadimplência, taxas de juros e outros indicadores financeiros que afetam a disponibilidade e o custo do crédito. A análise de dados de crédito pode ajudar a prever a probabilidade de inadimplência de uma empresa ou país e, consequentemente, ter impacto nos preços das moedas no mercado Forex.

Passo a passo para analisar dados de crédito:

Coletar os dados: O primeiro passo na análise de dados de crédito é coletar as informações relevantes. Isso pode incluir dados sobre empréstimos, taxas de juros, inadimplência, histórico de crédito e outras informações financeiras.

Analisar tendências: Depois de coletar os dados, é importante analisar as tendências ao longo do tempo. Isso pode ajudar a identificar padrões e mudanças na saúde financeira de uma empresa ou país.

Compreender as implicações dos dados: É importante entender as implicações dos dados de crédito. Por exemplo, um aumento na inadimplência pode ser um sinal de que uma empresa ou país está enfrentando dificuldades financeiras, o que pode levar a uma queda na sua moeda no mercado Forex. Comparar com outras fontes: É importante comparar os dados de crédito com outras fontes, como relatórios econômicos e notícias financeiras, para obter uma visão mais ampla da saúde financeira de uma empresa ou país.

Fazer projeções: Com base nas tendências e implicações dos dados de crédito, os traders de Forex podem fazer projeções sobre como a saúde financeira de uma empresa ou país pode afetar os preços das moedas no mercado Forex.

Monitorar continuamente: A análise de dados de crédito é um processo contínuo. Os traders de Forex devem monitorar continuamente os dados e atualizar suas projeções à medida que novas informações se tornam disponíveis.

John Paulson, um gestor de fundos hedge de sucesso, ganhou renome em 2007 quando ele fez uma aposta de bilhões de dólares contra o mercado imobiliário dos Estados Unidos. Ele usou análises de dados de crédito para determinar que o mercado de hipotecas subprime estava prestes a entrar em colapso, o que acabou acontecendo e gerando grandes lucros para ele.

No entanto, a história que vou contar é sobre um outro trade que ele fez mais tarde, também com base na análise de dados de crédito. Em 2010, Paulson percebeu que as empresas do setor imobiliário estavam com dificuldades financeiras e em risco de inadimplência. Ele usou dados de crédito para identificar empresas que estavam em piores condições financeiras, e assim decidiu apostar contra elas.

Sua análise se mostrou correta, e essas empresas acabaram entrando em default e declarando falência. Com isso, Paulson obteve lucros significativos com sua aposta contra essas empresas. Essa história ilustra como a análise de dados de crédito pode ser uma ferramenta poderosa para tomar decisões de trading no mercado forex. Através dela, é possível avaliar o risco de inadimplência de empresas e prever possíveis falências, permitindo ao trader tomar decisões informadas e lucrativas.

ANÁLISE DE MOEDAS NACIONAIS

Moedas nacionais são as moedas emitidas e utilizadas em um determinado país, geralmente para transações comerciais e financeiras dentro daquele país. Por exemplo, o real é a moeda nacional do Brasil, o dólar americano é a moeda nacional dos Estados Unidos, e assim por diante.

Já as moedas internacionais são as moedas que são amplamente aceitas e utilizadas para transações internacionais, como comércio e investimentos. O dólar americano, o euro, o iene japonês, a libra esterlina e o franco suíço são algumas das moedas internacionais mais comuns.

A diferença fundamental entre as duas é a escala de utilização. Enquanto as moedas nacionais são limitadas a um país específico, as moedas internacionais são utilizadas em transações entre países e são negociadas em mercados globais de câmbio.

Os traders que operam moedas nacionais no mercado forex devem estar cientes de que a taxa de corretagem cobrada pelas corretoras pode ser mais alta do que para as moedas internacionais. Isso ocorre porque a liquidez das moedas nacionais pode ser menor do que a das moedas internacionais, o que aumenta o risco de volatilidade e de perda para as corretoras.

Dessa forma, é importante que os traders considerem a taxa de corretagem e outros custos associados às operações com moedas nacionais, como impostos e taxas de transação, ao determinar sua estratégia de trading. Eles devem levar em consideração não apenas a rentabilidade potencial da operação, mas também o custo total envolvido.

Além disso, os traders devem ser seletivos ao escolher as corretoras com as quais negociam moedas nacionais. Eles devem procurar corretoras com uma boa reputação e regulamentação confiável para garantir que seus fundos e informações sejam protegidos.

◆ ◆ ◆

Existem algumas diferenças significativas entre operar com moedas nacionais e moedas internacionais no mercado forex. Algumas das principais diferenças são:

Volatilidade: Moedas nacionais tendem a ser mais voláteis do que moedas internacionais, já que as flutuações na economia local têm um impacto direto na taxa de câmbio. Portanto, os traders que operam com moedas nacionais precisam estar preparados para lidar com maior volatilidade e potencial de risco.

Diversificação: As moedas internacionais oferecem uma oportunidade de diversificação de portfólio, uma vez que podem ser usadas para negociar com países em diferentes estágios econômicos. Já as moedas nacionais estão mais limitadas às condições econômicas do próprio país.

Taxas de corretagem: Como mencionado anteriormente, as corretoras de forex geralmente cobram uma taxa de corretagem mais alta para operações com moedas nacionais, o que pode afetar o lucro potencial do trader. É importante considerar essas taxas ao planejar suas operações.

Influências políticas: As moedas nacionais podem ser influenciadas por questões políticas e sociais no país em que são emitidas. Portanto, os traders que operam com essas moedas precisam estar atentos a fatores políticos, como eleições, crises políticas e mudanças na legislação.

Disponibilidade: Nem todas as corretoras de forex oferecem a possibilidade de operar com moedas nacionais. Portanto, os traders precisam encontrar uma corretora que ofereça esse tipo de operação, caso desejem operar com essas moedas.

◆ ◆ ◆

Existem várias estratégias fundamentalistas que os traders podem usar para operar moedas nacionais no mercado forex. Aqui estão algumas das principais:

Análise econômica do país: os traders fundamentalistas usam uma variedade de indicadores econômicos, incluindo o PIB, a taxa de juros, o nível de dívida pública, a inflação e outros dados para avaliar a saúde econômica do país e, em seguida, tomar decisões de trading com base nessas informações.

Análise política do país: eventos políticos, como eleições, mudanças no governo e conflitos internacionais, podem ter um grande impacto nas taxas de câmbio. Os traders fundamentalistas acompanham de perto esses eventos e avaliam seu potencial impacto na economia do país.

Análise de commodities: muitos países dependem das exportações de commodities, como petróleo, ouro e outras matérias-primas, para impulsionar sua economia. Os traders fundamentalistas avaliam os preços das commodities e as tendências de oferta e demanda para avaliar o impacto que esses fatores podem ter na economia do país e, por sua vez, nas taxas de câmbio.

Análise de política monetária: os traders fundamentalistas avaliam as políticas monetárias dos bancos centrais do país para determinar a direção futura das taxas de juros e as perspectivas da economia. As mudanças nas políticas monetárias podem ter um grande impacto nas taxas de câmbio.

Análise de fatores globais: os traders fundamentalistas também consideram fatores globais, como a saúde econômica de outros países, os preços das commodities e as tendências de mercado em outras partes do mundo, ao avaliar as perspectivas para a economia do país e as taxas de câmbio.

ANÁLISE DE MOEDAS INTERNACIONAIS

A análise de moedas internacionais é um dos pilares da análise fundamentalista do mercado forex. Ela se concentra no estudo das principais moedas internacionais, incluindo o dólar americano, euro, iene japonês, libra esterlina e franco suíço, e como elas são influenciadas pelos principais fatores econômicos, políticos e geopolíticos em todo o mundo.

Existem muitos fatores que podem afetar as moedas internacionais, incluindo as taxas de juros, o desempenho econômico, a política monetária, as tensões comerciais e políticas entre os países, os conflitos geopolíticos e os eventos globais importantes, como eleições e crises financeiras.

Para operar moedas internacionais com sucesso, é importante ter um bom entendimento dos principais fatores que afetam cada moeda e como esses fatores podem mudar ao longo do tempo. Isso pode incluir a análise de dados econômicos, a leitura de relatórios de política monetária dos principais bancos centrais e a monitorização das notícias internacionais relevantes.

Um trader de forex deve estar constantemente atualizado sobre as notícias internacionais relevantes para suas operações, já que essas notícias podem afetar diretamente o mercado cambial. Existem várias maneiras de monitorar essas notícias, incluindo:

Sites de notícias: Existem vários sites de notícias que cobrem os mercados financeiros e as notícias internacionais relevantes para o forex, como a CNBC, Bloomberg, Reuters, entre outros.

Redes sociais: As redes sociais, como o Twitter, podem ser uma ótima fonte de informações em tempo real sobre notícias financeiras e econômicas importantes.

Calendários econômicos: Muitos sites e corretoras fornecem calendários econômicos que listam os próximos eventos econômicos importantes, como lançamentos de dados econômicos e discursos de líderes políticos.

Para encontrar fontes confiáveis, é importante pesquisar e avaliar a credibilidade das fontes que você está usando. Algumas dicas para encontrar fontes confiáveis incluem:

Verifique a reputação do site ou da organização: verifique se o site ou a organização é conhecido por fornecer informações precisas e confiáveis.

Confira o autor do artigo: Verifique se o autor é um especialista ou tem experiência na área sobre a qual está escrevendo.

Verifique outras fontes: Verifique outras fontes para confirmar a informação que está lendo. Se várias fontes confiáveis estiverem relatando a mesma informação, é mais provável que seja verdadeira.

Fique atento a fontes tendenciosas, evite fontes que parecem ter uma agenda política ou financeira clara.

ANÁLISE DE DADOS DE COMÉRCIO INTERNACIONAL

O comércio internacional é um componente vital da economia global e tem um impacto significativo no mercado forex. A análise de dados de comércio internacional pode ajudar os traders a prever as tendências de câmbio e a tomar decisões informadas sobre suas negociações.

Os dados de comércio internacional incluem informações sobre importações e exportações de bens e serviços de um país. Esses dados são normalmente divulgados pelos governos em intervalos regulares, geralmente mensais ou trimestrais. Eles podem ser encontrados em sites oficiais de governos, como os de ministérios de comércio ou bancos centrais, bem como em fontes de notícias financeiras.

◆ ◆ ◆

Os Principais Indicadores Dos Dados De Comércio Internacional Incluem:

Balança comercial: é a diferença entre as exportações e as importações de um país em um determinado período de tempo. Se as exportações forem maiores do que as importações, a balança comercial é positiva e se as importações forem maiores do que as exportações, a balança comercial é negativa.

Taxa de câmbio: o valor da moeda de um país em relação à moeda de outro país pode afetar as exportações e importações de bens e serviços. Uma taxa de câmbio favorável pode aumentar as exportações de um país, enquanto uma taxa desfavorável pode aumentar as importações.

Índice de preços de importação/exportação: mede a variação dos preços dos bens importados e exportados por um país. O aumento dos preços de importação pode afetar negativamente o consumo interno, enquanto o aumento dos preços de exportação pode ser benéfico para a economia.

Volume de comércio: mede a quantidade de bens e serviços exportados e importados por um país em um determinado período de tempo. O aumento do volume de comércio pode indicar um crescimento econômico saudável.

Índice de competitividade: mede a capacidade de um país competir em termos de preços e qualidade com outros países no mercado internacional. Uma alta competitividade pode levar a um aumento nas exportações e a um crescimento econômico sustentável.

Existem várias maneiras pelas quais os traders podem usar dados de comércio internacional para informar suas negociações. Aqui estão algumas das principais estratégias:

Identificar tendências de comércio: Os traders podem usar dados de comércio internacional para identificar tendências de importação e exportação de um país ou região. Essas tendências podem afetar a demanda por moeda estrangeira e, portanto, o valor da moeda em relação a outras moedas.

Monitorar o desempenho da economia: Os dados de comércio internacional podem fornecer insights sobre o desempenho econômico de um país ou região. Por exemplo, um aumento nas exportações pode indicar um aumento na produção e no emprego, o que pode ser um sinal de uma economia saudável.

Acompanhar a demanda por commodities: As exportações de commodities, como petróleo e metais preciosos, podem ter um impacto significativo nas moedas dos países produtores. Os traders podem usar dados de comércio internacional para monitorar a demanda por esses bens e fazer previsões informadas sobre as moedas correspondentes.

Identificar possíveis mudanças na política comercial: Os dados de comércio internacional também podem fornecer informações sobre possíveis mudanças na política comercial de um país ou região. Por exemplo, um aumento nas tarifas de importação pode levar a uma desvalorização da moeda, enquanto uma política mais aberta pode levar a uma valorização da moeda.

Para garantir que estão recebendo informações precisas e atualizadas, os traders devem encontrar fontes confiáveis de dados de comércio internacional. Isso pode incluir sites oficiais de governos, organizações internacionais, como a Organização Mundial do Comércio (OMC), e fontes de notícias financeiras respeitáveis.

Em resumo, a análise de dados de comércio internacional pode ser uma ferramenta valiosa para traders de forex. Os dados podem ajudar os traders a identificar tendências, monitorar o desempenho econômico, acompanhar a demanda por commodities e identificar possíveis mudanças na política comercial. No entanto, é importante que os traders encontrem fontes confiáveis e atualizadas de informações para tomar decisões informadas.

ANÁLISE DE MERCADOS EMERGENTES

Os mercados emergentes são países em desenvolvimento com economias em crescimento acelerado e um grande potencial de lucratividade para investidores.

Esses mercados oferecem muitas oportunidades para traders de forex, mas também apresentam riscos significativos. Aqui estão algumas das principais oportunidades que os traders podem buscar:

Crescimento econômico: Muitos mercados emergentes têm taxas de crescimento econômico mais altas do que os mercados desenvolvidos, o que pode levar a uma valorização da moeda local em relação a outras moedas.

Diferença de taxas de juros: As taxas de juros em países emergentes geralmente são mais altas do que em países desenvolvidos. Isso pode levar a um fluxo de capital para esses países, o que pode aumentar o valor de sua moeda.

Recursos naturais: Muitos mercados emergentes são ricos em recursos naturais, como petróleo, gás, minerais e metais preciosos. Quando os preços desses recursos sobem, isso pode ter um impacto positivo na moeda local.

Demografia favorável: Em muitos mercados emergentes, a

população é jovem e em rápido crescimento, o que pode levar a um aumento na demanda por bens e serviços e, consequentemente, em um aumento na produção e na atividade econômica geral.

◆ ◆ ◆

No entanto, os traders também devem estar cientes dos riscos associados aos mercados emergentes. Alguns desses riscos incluem:

Volatilidade: Os mercados emergentes são conhecidos por sua alta volatilidade, o que pode dificultar a previsão das tendências de preços.

Política: A política desempenha um papel importante nos mercados emergentes e pode afetar significativamente as condições econômicas. Decisões governamentais e mudanças de liderança podem levar a oscilações imprevisíveis no mercado.

Dificuldade de acesso a informações: A obtenção de informações precisas sobre mercados emergentes pode ser desafiadora. Os dados econômicos podem ser limitados ou imprecisos, e os mercados podem ser menos transparentes.

Risco cambial: Os investidores em mercados emergentes enfrentam o risco de flutuações cambiais, o que pode afetar o valor de seus investimentos.

Risco geopolítico: Os mercados emergentes também podem ser afetados por instabilidade política e conflitos armados, o que pode levar a interrupções no comércio e investimento.

No entanto, os traders também devem estar cientes dos riscos associados aos mercados emergentes, incluindo a volatilidade política, as flutuações cambiais acentuadas, a falta de transparência em relação aos dados econômicos e financeiros, entre outros. É importante que os traders realizem uma análise completa e cuidadosa antes de investir em qualquer mercado emergente.

Aqui está um passo a passo de como um trader de forex pode fazer sua análise fundamentalista de um país emergente:

1. Coletar dados macroeconômicos: Comece coletando dados macroeconômicos do país em questão. Isso inclui dados de PIB, inflação, taxa de juros, balança comercial e dívida externa.
2. Analisar a política econômica do país: Analise a política econômica do país para entender as intenções do governo em relação à economia. Isso pode incluir decisões de política monetária, fiscal e comercial.

3. Verificar a estabilidade política: Verifique a estabilidade política do país e a probabilidade de eventos políticos que possam afetar a economia, como eleições ou mudanças no governo.

4. Examinar as condições sociais: Analise as condições sociais do país, como o nível de pobreza, desigualdade e a qualidade da educação, para entender como esses fatores podem afetar a economia.

5. Observar a situação das empresas locais: Observe a situação das empresas locais para avaliar a saúde da economia do país. Empresas fortes geralmente indicam uma economia forte e vice-versa.

6. Monitorar a situação das commodities: Verifique a situação das commodities que o país produz ou exporta, bem como

as condições dos mercados globais dessas commodities, para entender como isso pode afetar a economia.

7. Verificar a situação das relações internacionais: Verifique a situação das relações internacionais do país, incluindo acordos comerciais, sanções e ações de outros países em relação ao país. Isso pode afetar o comércio e a economia do país.

8. Acompanhar as notícias: Acompanhe as notícias diárias relacionadas ao país para obter informações atualizadas e insights sobre eventos atuais que possam afetar a economia.

9. Analisar o impacto no mercado forex: Depois de coletar e analisar todas as informações relevantes, analise como esses fatores podem afetar o mercado forex e tome decisões de investimento informadas com base nas informações coletadas.

ANÁLISE DE DADOS DE INVESTIMENTOS ESTRANGEIROS

A análise de dados de investimentos estrangeiros é uma das técnicas utilizadas pelos traders para analisar os mercados financeiros e tomar decisões de investimento informadas. Os dados de investimentos estrangeiros podem ajudar a avaliar a atratividade de um mercado para investidores estrangeiros, bem como fornecer informações sobre a saúde econômica geral do país em questão.

Os investimentos estrangeiros podem incluir investimentos em ações, títulos e outros ativos financeiros. Eles podem ser diretos ou indiretos, envolvendo empresas ou indivíduos que compram participações em empresas locais ou títulos emitidos pelo governo. Os dados de investimentos estrangeiros são coletados pelos governos e instituições financeiras e estão disponíveis publicamente para os traders.

Aqui estão algumas das principais maneiras pelas quais um trader de forex pode usar a análise de dados de investimentos estrangeiros:

Avaliar a atratividade do mercado: O fluxo de investimentos estrangeiros pode indicar a atratividade de um mercado para investidores estrangeiros. Se houver um grande influxo de investimentos estrangeiros em um país, isso pode ser um sinal de que o país é visto como um bom lugar para investir. Isso pode levar a uma valorização da moeda local em relação a outras moedas.

Identificar tendências macroeconômicas: Os investimentos estrangeiros também podem fornecer informações valiosas sobre a saúde econômica geral do país. Um grande influxo de investimentos estrangeiros pode indicar que a economia está se expandindo e que os investidores estão confiantes no futuro. Por outro lado, um declínio no investimento estrangeiro pode indicar que há problemas econômicos no país.

Antecipar movimentos de preços: Os investimentos estrangeiros também podem afetar os movimentos de preços das moedas locais e outras classes de ativos. Se houver um grande influxo de investimentos estrangeiros em um país, isso pode levar a uma valorização da moeda local em relação a outras moedas. Da mesma forma, se houver uma saída de investimentos estrangeiros de um país, isso pode levar a uma desvalorização da moeda local.

Identificar oportunidades de investimento: Os dados de investimentos estrangeiros também podem ajudar os traders a identificar oportunidades de investimento específicas. Se houver um grande influxo de investimentos estrangeiros em um determinado setor, isso pode indicar que há oportunidades de investimento nesse setor. Da mesma forma, se houver um grande influxo de investimentos estrangeiros em uma empresa específica, isso pode indicar que há uma oportunidade de investimento nessa empresa.

Para fazer a análise de dados de investimentos estrangeiros, o trader pode acessar relatórios de investimentos estrangeiros produzidos por bancos centrais, agências governamentais e outras instituições financeiras. Esses relatórios podem incluir informações sobre o fluxo de investimentos estrangeiros, o setor de destino dos investimentos e o país de origem dos investidores. O trader também pode usar ferramentas de análise de dados para visualizar e analisar os dados de investimentos estrangeiros de maneira mais eficiente.

Existem diversas ferramentas de análise de dados que um trader pode utilizar para visualizar e analisar dados de investimentos estrangeiros de maneira eficaz. Algumas das principais ferramentas incluem:

1. Planilhas Eletrônicas: Planilhas eletrônicas, como o Microsoft Excel ou o Google Sheets, são ferramentas essenciais para analisar dados de investimentos estrangeiros. Elas permitem a organização dos dados em tabelas, a criação de gráficos e a aplicação de fórmulas e funções para facilitar a análise.

2. Gráficos: Gráficos são uma ferramenta visual poderosa para analisar dados de investimentos estrangeiros. Eles permitem que o trader visualize tendências e padrões nos dados e identifique possíveis oportunidades de negociação.

3. Análise Estatística: A análise estatística é uma ferramenta importante para entender os dados de investimentos estrangeiros. Ela permite que o trader faça previsões com base em dados históricos e identifique possíveis riscos e oportunidades de negociação.

4. Softwares de Análise de Dados: Existem diversos softwares de análise de dados disponíveis no mercado, como o Tableau, o Power BI e o Google Data Studio. Eles permitem a criação de dashboards

interativos e personalizados para analisar dados de investimentos estrangeiros.

5. APIs de Dados: APIs de dados permitem que o trader acesse e utilize dados de investimentos estrangeiros em tempo real, diretamente em suas plataformas de negociação. Isso permite que ele tome decisões de negociação mais informadas e oportunas.

Em 2016, o presidente dos Estados Unidos, Donald Trump, venceu a eleição presidencial com sua campanha "America First", que prometia proteger a economia americana e limitar os investimentos estrangeiros no país. Como resultado, muitos investidores estrangeiros ficaram preocupados com o futuro do mercado americano e começaram a retirar seus investimentos.

Um trader chamado John Paulson, famoso por seu grande sucesso durante a crise financeira de 2008, viu essa situação como uma oportunidade e começou a comprar ações de empresas americanas que haviam sido vendidas por investidores estrangeiros, incluindo ações do setor financeiro e de energia.

Paulson baseou sua decisão em dados de investimentos estrangeiros, que mostravam que os investidores estavam vendendo ações americanas em grande quantidade. Ele acreditava que essas vendas eram excessivas e que as empresas americanas eram sólidas o suficiente para resistir à política "America First" de Trump.

Sua análise fundamentalista se provou correta e suas compras resultaram em grandes lucros. Ações de bancos, como o Citigroup e o Bank of America, se recuperaram em mais de 20%, enquanto empresas de petróleo, como a ExxonMobil, subiram mais de 15%.

Essa história real demonstra a importância da análise de dados de investimentos estrangeiros na tomada de decisões de investimento e como um trader pode usar esses dados para encontrar oportunidades de negociação lucrativas.

ANÁLISE DE DADOS DE PRODUÇÃO AGRÍCOLA

A produção agrícola é um importante indicador da saúde econômica de um país, pois a agricultura é um setor fundamental da maioria das economias mundiais. A análise de dados de produção agrícola pode fornecer informações valiosas para os traders de forex, pois pode influenciar as decisões de políticas monetárias e comerciais, além de impactar o preço das moedas nacionais. No entanto, é importante lembrar que o foco deste livro é em investimentos em forex e não em commodities, portanto, a análise de dados de produção agrícola será abordada a partir desse ponto de vista.

A análise de dados de produção agrícola envolve a coleta e análise de informações sobre a quantidade e qualidade das colheitas em uma determinada região ou país. Os dados podem incluir informações sobre o rendimento das colheitas, as condições meteorológicas, o uso de fertilizantes e pesticidas, bem como a demanda do mercado. Existem várias fontes para obter esses dados, como agências governamentais, organizações internacionais, empresas de pesquisa de mercado e cooperativas agrícolas.

Uma das maneiras mais eficazes de analisar dados de produção agrícola é por meio de gráficos e tabelas. Essas ferramentas podem ajudar a identificar tendências e padrões ao longo do tempo, além de permitir a comparação entre diferentes regiões ou países. Além disso, os traders de forex podem usar esses dados para prever a direção futura dos preços das moedas nacionais.

❖ ❖ ❖

Existem diversas fontes confiáveis que podem ser usadas para coletar dados de produção agrícola. Algumas delas incluem:

1. FAO (Organização das Nações Unidas para Agricultura e Alimentação): a FAO fornece informações sobre a produção agrícola mundial, incluindo dados de produção, preços, comércio e consumo de alimentos.

2. USDA (Departamento de Agricultura dos Estados Unidos): o USDA fornece dados de produção agrícola dos Estados Unidos, bem como informações sobre preços, comércio e condições climáticas que afetam a produção.

3. Eurostat: a agência de estatística da União Europeia fornece dados sobre a produção agrícola, preços e comércio entre os países membros da UE.

4. Ministérios da Agricultura: os ministérios da agricultura dos governos nacionais geralmente coletam e publicam dados sobre a produção agrícola em seus respectivos países.

5. Organizações de produtores agrícolas: muitas organizações de produtores agrícolas coletam e publicam dados sobre a produção em suas respectivas áreas de atuação, geralmente com foco em produtos específicos, como grãos, frutas ou vegetais.

6. Empresas de consultoria em agronegócio: empresas especializadas em agronegócio coletam e analisam dados de produção agrícola em todo o mundo, fornecendo informações e análises para investidores, produtores e outras partes interessadas no setor.

É importante lembrar que é necessário verificar a confiabilidade e a atualidade dos dados coletados, bem como as metodologias utilizadas para coleta e análise desses dados.

Existem várias ferramentas de análise de dados que os traders de commodities podem usar para visualizar e analisar dados de produção agrícola de maneira eficaz. Essas ferramentas incluem gráficos de preços, análise técnica e fundamental, modelos econométricos, análise de regressão e análise de séries temporais.

Suponha que um trader esteja interessado em investir no mercado forex japonês. Ele analisa dados de produção agrícola do Japão e descobre que a produção de arroz aumentou significativamente no último ano. Com base nisso, ele pode prever que a demanda por ienes japoneses aumentará, uma vez que o arroz é uma commodity importante no país. Isso pode levar a uma valorização do iene em relação a outras moedas, como o dólar americano.

Países como Brasil, China, Índia e Rússia têm grande potencial para a produção agrícola e podem oferecer oportunidades de investimento lucrativas para traders que buscam diversificar sua carteira.

No entanto, a análise de dados de produção agrícola também apresenta desafios. As condições climáticas podem ser imprevisíveis, e a demanda global pode ser afetada por fatores políticos e econômicos. Além disso, os dados de produção agrícola podem ser difíceis de obter e podem ser inconsistentes em diferentes regiões do mundo.

Uma história real de trading de forex baseado na análise de dados de produção agrícola aconteceu em 2018 com o dólar australiano. Na época, uma forte seca atingiu várias partes da Austrália, causando uma queda significativa na produção de trigo e outras commodities agrícolas.

Alguns traders de forex que acompanhavam os dados de produção agrícola perceberam que a queda na produção de trigo poderia afetar negativamente a economia australiana como um todo, já que a exportação de trigo é uma importante fonte de receita para o país.

Assim, muitos traders começaram a vender o dólar australiano, antecipando uma possível queda no valor da moeda. Como resultado, o dólar australiano caiu em relação ao dólar americano e outras moedas importantes.

Os traders que aproveitaram essa oportunidade e venderam o

dólar australiano lucraram com a queda da moeda.

ANÁLISE DE DADOS ENERGÉTICOS

A análise de dados energéticos é uma importante ferramenta de análise fundamentalista para traders de Forex que desejam investir em pares de moedas de países produtores e exportadores de energia. Essa análise envolve o monitoramento e análise de uma série de dados relacionados à produção, consumo e estoque de energia.

Os principais dados energéticos que os traders de Forex devem monitorar incluem:

Produção de petróleo bruto: a produção de petróleo bruto é um indicador importante da capacidade de um país em gerar receita com exportação de petróleo. A produção de petróleo bruto pode ser influenciada por fatores como investimentos em infraestrutura e tecnologia, condições climáticas, instabilidade política e questões ambientais.

Consumo de petróleo: o consumo de petróleo é uma medida da demanda interna de um país por energia. Pode ser influenciado por fatores como o crescimento econômico, as políticas governamentais e as condições climáticas.

Estoque de petróleo: os estoques de petróleo são uma medida da quantidade de petróleo que um país tem armazenado para atender às necessidades futuras de consumo e exportação. O nível dos estoques pode ser influenciado por uma série de fatores, incluindo a oferta e demanda global de petróleo, políticas governamentais e eventos geopolíticos.

Produção de gás natural: a produção de gás natural é um indicador importante da capacidade de um país em gerar receita com exportação de gás natural. A produção pode ser influenciada por fatores semelhantes aos da produção de petróleo.

Consumo de gás natural: o consumo de gás natural é uma medida da demanda interna de um país por energia. Pode ser influenciado por fatores semelhantes aos do consumo de petróleo.

Estoque de gás natural: os estoques de gás natural são uma medida da quantidade de gás natural que um país tem armazenado para atender às necessidades futuras de consumo e exportação. O nível dos estoques pode ser influenciado por fatores semelhantes aos dos estoques de petróleo.

Produção de energia renovável: O aumento da produção de energia renovável, como energia eólica e solar, pode afetar os preços do petróleo e do gás natural, afetando as moedas dos países produtores de petróleo e gás.

Demanda por energia: A demanda por energia é um importante indicador econômico que pode afetar os preços do petróleo e do gás natural. Os traders podem monitorar a demanda de energia em diferentes regiões do mundo para obter insights sobre a saúde econômica dessas regiões e potencialmente antecipar movimentos nas taxas de câmbio.

Os traders de Forex podem usar esses dados energéticos para tomar decisões informadas de investimento em pares de moedas de países produtores e exportadores de energia. Por exemplo, se a produção de petróleo de um país aumentar, é possível que a oferta de petróleo aumente no mercado global, levando a uma diminuição nos preços do petróleo e uma possível queda na moeda desse país. Por outro lado, se a demanda global por petróleo aumentar, os preços do petróleo podem subir, levando a uma valorização da moeda do país exportador de petróleo.

Há um exemplo notável de uma grande mudança no mercado Forex que ocorreu devido a um evento no setor energético. Em 2014, a Organização dos Países Exportadores de Petróleo (OPEP) decidiu manter sua produção de petróleo alta, apesar da queda nos preços do petróleo. Isso levou a uma queda significativa nos preços do petróleo bruto, que impactou o mercado Forex de várias maneiras.

Um exemplo notável foi o iene japonês. Como o Japão é um grande importador de petróleo, a queda nos preços do petróleo bruto afetou a economia do país e, portanto, a força do iene. Como resultado, muitos traders de Forex começaram a vender o iene e comprar outras moedas, como o dólar americano. Isso levou a uma grande mudança no mercado Forex, com o dólar americano subindo em relação ao iene japonês.

No entanto, essa mudança no mercado não durou muito tempo. Em 2016, a OPEP decidiu reduzir sua produção de petróleo, o que levou a um aumento nos preços do petróleo bruto. Isso, por sua vez, levou a uma mudança no mercado Forex, com o iene japonês se fortalecendo em relação ao dólar americano.

Essa história real demonstra como os dados energéticos, como a produção de petróleo e os preços do petróleo bruto, podem ter um impacto significativo no mercado Forex. Os traders de Forex precisam monitorar de perto esses dados para tomar decisões de negociação informadas.

ANÁLISE DE DADOS DE PREÇOS AO CONSUMIDOR

A análise de dados de preço ao consumidor é uma ferramenta fundamental para traders de forex que desejam avaliar a saúde econômica de um país. O índice de preços ao consumidor (IPC) mede a variação média dos preços de um conjunto de bens e serviços consumidos pelas famílias em um determinado período. É um indicador-chave da inflação e, por sua vez, da política monetária do Banco Central.

O IPC é calculado por meio de pesquisas de preços de bens e serviços em uma cesta básica de consumo. Os preços são coletados em áreas urbanas e rurais, em estabelecimentos comerciais, prestadores de serviços, concessionárias de serviços públicos e outros locais. Os pesos atribuídos a cada item são baseados na sua importância na cesta básica de consumo, que pode variar de país para país.

O aumento ou a queda do IPC pode ter várias consequências para a economia e, consequentemente, para o mercado forex. Um aumento no IPC indica uma alta nos preços de bens e serviços, o que pode levar a uma redução no poder de compra dos consumidores, já que eles precisam gastar mais dinheiro para comprar os mesmos bens e serviços. Isso pode levar a uma diminuição do consumo, o que pode afetar negativamente as empresas que dependem do consumo interno.

Por outro lado, uma queda no IPC indica uma queda nos preços de bens e serviços, o que pode aumentar o poder de compra dos consumidores. Isso pode levar a um aumento do consumo e, por sua vez, pode ter um efeito positivo nas empresas que dependem do consumo interno.

No mercado forex, os traders podem usar essas informações para avaliar a saúde econômica de um país e a probabilidade de que as taxas de juros aumentem ou diminuam, o que pode afetar o valor da moeda. Por exemplo, se o IPC de um país aumenta, o banco central pode optar por aumentar as taxas de juros para controlar a inflação, o que pode levar a uma valorização da moeda do país em relação a outras moedas. Por outro lado, se o IPC de um país cair, o banco central pode optar por reduzir as taxas de juros para estimular a economia, o que pode levar a uma desvalorização da moeda do país em relação a outras moedas.

Para analisar os dados de preço ao consumidor, os traders de forex podem usar gráficos e tabelas de histórico de IPC, além de relatórios e anúncios do Banco Central. Eles também podem monitorar outros indicadores econômicos, como o índice de preços ao produtor (IPP) e o índice de preços ao consumidor ampliado (IPCA), que inclui bens e serviços mais amplos que a cesta básica.

É importante que os traders de forex encontrem fontes confiáveis de dados e informações sobre o IPC e outros indicadores econômicos. Essas fontes incluem agências governamentais, bancos centrais, instituições financeiras, agências de notícias e organizações internacionais. É essencial que os traders realizem uma análise cuidadosa dos dados antes de tomar decisões de negociação com base neles.

A análise de dados de preço ao consumidor é uma parte essencial da análise fundamentalista do mercado forex. Ao monitorar cuidadosamente os dados de IPC e outros indicadores econômicos, os traders podem tomar decisões de negociação informadas e maximizar suas oportunidades de lucro no mercado.

Um exemplo de trading de forex feito com base na análise de dados de preço ao consumidor ocorreu em 2019, quando o Banco Central Europeu (BCE) decidiu adiar o aumento das taxas de juros, o que levou a uma queda do euro em relação ao dólar americano.

Os traders que estavam monitorando de perto os dados de inflação na Europa e as decisões do BCE já esperavam que o aumento das taxas fosse adiado devido ao baixo IPC. Então, quando o BCE anunciou oficialmente que as taxas de juros permaneceriam estáveis, os traders começaram a vender o euro e comprar o dólar americano, já que a decisão do BCE indicava uma economia europeia mais fraca em comparação com a dos EUA.

Um exemplo específico é o caso de um trader de forex que estava monitorando os dados de inflação na Alemanha, a maior economia da zona do euro. O trader notou que o IPC alemão estava abaixo das expectativas do mercado e que o BCE estava sendo cauteloso em relação às taxas de juros. Com base nesses dados, o trader abriu uma posição vendida no euro em relação ao dólar americano.

Após o anúncio do BCE, o euro caiu e o trader obteve um lucro significativo em sua posição vendida. Ele fechou a posição com sucesso antes que o mercado se movesse na direção oposta, e obteve um lucro considerável devido à sua análise cuidadosa dos dados de inflação e da política do BCE.

CONCLUSÕES E RECOMENDAÇÕES PARA O FUTURO

Chegamos ao fim desta jornada pelo mundo da análise fundamentalista de Forex. Durante todo o livro, exploramos os princípios, conceitos e estratégias essenciais para entender e aplicar a análise fundamentalista no mercado cambial. Neste último capítulo, faremos uma revisão das principais conclusões e forneceremos algumas recomendações para o futuro da análise fundamentalista.

1. Valor da Análise Fundamentalista: Ao longo deste livro, destacamos repetidamente a importância da análise fundamentalista no mercado Forex. Ela oferece uma visão aprofundada dos fatores macroeconômicos, políticos e sociais que afetam as moedas, permitindo que os traders compreendam melhor as tendências e os movimentos dos pares de moedas.

2. Fundamentos Econômicos e Indicadores-Chave: Os fundamentos econômicos desempenham um papel fundamental na análise fundamentalista. O conhecimento dos principais indicadores econômicos, como PIB, taxa de juros, inflação, balança comercial e dados de emprego, é essencial para avaliar a saúde econômica de um país e antecipar possíveis movimentos nas moedas relacionadas.

3. Monitoramento de Notícias e Eventos: Ficou claro ao

longo do livro que o acompanhamento regular das notícias e eventos é crucial na análise fundamentalista. A divulgação de informações importantes, como discursos de políticos, anúncios de bancos centrais e eventos geopolíticos, pode ter um impacto significativo nas moedas. Os traders devem estar atualizados e preparados para reagir a esses eventos.

4. Análise de Cenários e Probabilidades: A análise fundamentalista ajuda os traders a construir cenários e avaliar as probabilidades de diferentes resultados. Com base em uma compreensão dos fundamentos, os traders podem analisar os possíveis desfechos e avaliar o risco- recompensa de suas decisões de negociação. Isso permite uma abordagem mais fundamentada e informada ao entrar e sair do mercado.

5. Aprendizado Contínuo e Pesquisa: A análise fundamentalista é um campo amplo e complexo, com uma infinidade de fatores a serem considerados. É fundamental para os traders se envolverem em aprendizado contínuo, acompanhar pesquisas atualizadas e buscar novos conhecimentos sobre economia, política e desenvolvimentos globais. Quanto mais se aprofundarem na análise fundamentalista, melhor serão suas habilidades de tomada de decisão.

Recomendações para o Futuro:

1. Aperfeiçoar a Compreensão dos Fundamentos: Continue aprimorando sua compreensão dos fundamentos econômicos, estudando indicadores-chave e
suas implicações nos mercados de Forex. Busque informações de fontes confiáveis e amplie seu conhecimento econômico para tomar decisões mais informadas.

2. Desenvolver uma Rede de Informações: Mantenha-se atualizado com as últimas notícias e desenvolvimentos econômicos ao construir uma rede
confiável de fontes de informações. Isso inclui sites especializados,

agências de notícias, publicações financeiras e até mesmo grupos de discussão online com outros traders.

3. Acompanhar os Calendários Econômicos: Utilize calendários econômicos para estar ciente dos eventos e indicadores econômicos importantes que serão divulgados. Isso permitirá que você se prepare com antecedência e avalie
possíveis impactos nas moedas relevantes.

4. Integrar Análise Fundamentalista com Outras Abordagens: Embora este livro se concentre na análise fundamentalista, é importante reconhecer que outras
abordagens, como a análise técnica e a gestão de riscos, também desempenham um papel crucial no trading de Forex. Considere integrar essas abordagens para obter uma visão mais abrangente e tomar decisões mais sólidas.

5. Praticar a Disciplina e o Gerenciamento de Riscos: Por fim, lembre-se da importância da disciplina e do gerenciamento de riscos no trading de Forex. A análise fundamentalista pode fornecer informações valiosas, mas é essencial
aplicar uma abordagem disciplinada ao implementar suas estratégias e garantir um gerenciamento adequado de riscos para proteger seu capital.

Conclusão:

A análise fundamentalista de Forex oferece uma base sólida para entender os movimentos das moedas e tomar decisões informadas no mercado cambial. Ao entender os fundamentos econômicos e acompanhar de perto os eventos relevantes, os traders podem melhorar suas habilidades de previsão e maximizar suas oportunidades de negociação.

À medida que você avança em sua jornada como trader, lembre-se de continuar aprendendo, atualizando-se com as notícias e desenvolvimentos econômicos e adaptando suas estratégias conforme necessário. A análise fundamentalista é um campo em constante evolução, e aqueles que se dedicam a aprimorar suas habilidades certamente terão uma vantagem no mercado Forex.

Desejamos a você sucesso em suas futuras negociações e que a análise fundamentalista seja uma ferramenta valiosa em sua jornada no mercado de Forex.